二战风云
震撼博览

史诗巨著
全彩呈现

暴徒血证

第二次世界大战主要枭雄

胡元斌 严 锴 主编

台海出版社

前言 PREFACE

1937年7月7日，驻华日军在卢沟桥悍然向中国守军开炮射击，炮轰宛平城，制造了震惊中外的"七七事变"，中国的抗日战争全面爆发。1939年9月1日，德国入侵波兰，第二次世界大战正式开始。1945年9月2日，日本签署投降书，第二次世界大战宣告结束。

这是人类社会有史以来规模最大、伤亡最惨重、造成破坏最大的全球性战争，也是关系人类命运的大决战。这场由德、意、日法西斯国家的纳粹分子发动的战争席卷全球，世界当时人口总数的80%的20亿人口受到波及。这次世界大战把全人类分成了两方，由美国、苏联、中国、英国、法国等国组成的反法西斯同盟国与由德国、日本、意大利等国组成的法西斯轴心国，进行对垒决战。全世界的人民被拖进了战争的深渊，迄今为止这是人类文明史上绝无仅有的浩劫和灾难。

在这场大战中，交战双方投入的兵力和武器之多、战场波及范围之广、作战样式之新、造成的损失之大、产生的影响之深远都是前所未有的，创造了许多个历史之最。

第二次世界大战的胜利具有伟大的历史意义。我们历史地、辩证地看待这段人类惨痛历史，可以说，第二次世界大战的爆发给人类造成了巨大灾难，使人类文明惨遭浩劫，但同时，第二次世界大战的胜利，也开创了人类历史的新纪元，给战后世界带来了广泛而深远的影响。

促进了世界进入力量制衡的相对和平时期；促进了一些殖民地国家的民族解放；促进了许多社会主义国家的诞生；促进了资本主义国家的经济、政治和社会改革；促进了世界科学技术的进步；促进了军事科技和理论的进步；促进了人类认识史上的一场伟大革命；促进了世界人民对和平的深刻认识。

第二次世界大战的胜利也是世界人民反法西斯战争的胜利，成为20世纪人类历史的一个重大转折，它结束了一个战争和动荡的旧时期，迎来了一个和平与发展的新阶段。我们回首历史，不应忘记战争给我们带来的破坏和灾难，以及世界各个国家和人民为胜利所付出的沉重代价。我们应当认真吸取这次大战的历史经验教训，为防止新的世界大战发生，维护世界持久和平，不断推动人类社会进步而英勇奋斗。

这就是我们编撰《第二次世界大战纵横录》的初衷。该书综合国内外的最新研究成果和最新解密资料，在有关部门和专家的指导下，以第二次世界大战的历史进程为线索，贯穿了第二次世界大战的主要历史时期、主要战场战役和主要军政人物，全景式展现了第二次世界大战的恢宏画卷。

该书主要包括战史、战场、战役、战将和战事等内容，时空纵横，气势磅礴，史事详尽，图文并茂，具有较强的历史性、资料性、权威性和真实性，非常有阅读和收藏价值。

暴徒
血证

目录CONTENTS

第二次世界大战主要枭雄

暴徒血证

第 二 次 世 界 大 战 主 要 枭 雄

戈 林

　　纳粹德国空军元帅，德国纳粹党的第二号人物，希特勒指定的接班人，国会纵火案和组建秘密警察盖世太保的元凶。他既是德国法西斯政治、经济与军事的首脑，也是制订奴役劳工计划、镇压残杀犹太人和其他种族的主谋，是第二次世界大战中的法西斯主犯。在纽伦堡审判中，戈林被控犯有战争罪和反人类罪，被判处绞刑。

在战争中
成为王牌飞行员

　　赫尔曼·戈林于1893年1月12日出生在德国巴伐利亚罗森海姆的一座温泉别墅里，他的父亲海因里希·厄恩斯特·戈林博士时年64岁，是位海外殖民地总督。母亲蒂芬布鲁恩是老戈林的第二任妻子，比丈夫小20岁。

　　戈林自童年以来就形成了极爱奢华和排场的特性。他童年的那些日子是在默特恩多夫宫殿和菲尔登斯泰因城堡中度过的。这些都是他那有着一半犹太人血统的富有的教父里特尔·冯·爱泼斯坦的财产。

　　爱泼斯坦接纳了戈林夫妇和他们的孩子们到自己的家中——并非出于无私的帮助，而是因为赫尔曼·戈林的母亲是他的情人。

　　少年时代的戈林聪明英俊，还不具有残暴冷酷无情的秉性，但是终归母亲高明，她说："戈林不成为一个传奇，便会成为一个罪犯。"

　　戈林虽然调皮捣蛋，但是学业成绩一直优异，在学校里，他如鱼得水。

　　1910年，他以优良的成绩升入号称"德国西点军校"的利希菲尔德军事学院。在这里，他心甘情愿地接受着极其严格的普鲁士军训。

　　第二年他通过了系列考试，并取得军训课最高分。

　　1912年3月，戈林应征入伍，继续在利希菲尔德军事学院进修，并在第二年12月通过了军官考核。

　　1914年8月2日，第一次世界大战全面爆发，戈林作为排长被派往前线。在纳尼、埃普诺尔和弗里雷的战斗中，荣获二级铁十字勋章。不久染病退出战场，疗养于弗赖堡。

　　在这里，他结识了正在接受飞行训练的陆军中尉布鲁诺·勒歇泽，并燃

起了对飞机这种新式装备的兴趣。在他的强烈要求下，病愈后被派到达姆施塔特接受侦察飞行训练。

从1915年2月起，戈林和勒歇泽一直同驾一架飞机。

3月，在法国装甲炮群威胁的科特德塔上空，两人成功地进行了一次侦察飞行，为德军的进攻提供了重要情报。为此，德皇亲自召见了他们，并授予他们一级铁十字勋章。

6月，他们驾驶着没有任何武装的阿尔巴特罗斯侦察机，设法迫降了一架法国轰炸机，这一壮举使他们两人声名鹊起。

10月，戈林首次完成了作战飞行，并在11月第一次击落了一架法尔芒飞机。

1916年3月，戈林驾驶着一架300马力的C-499号大型战斗机，同法国的3架大型飞机展开激战，击落了其中一架。

1916年11月，戈林在空战中挨了英机的一枚机关枪子弹，在疼痛难忍的情况下，仍千方百计地把负伤的飞机开回自己的防区，此后疗养了3个月。

伤愈归队后，戈林已成为德国空军的王牌飞行员之一。

戈林在空战中勇猛

戈林

003

德军战斗机

　　果敢，胆大心细，经常孤军奋战，每次都能奇迹般地胜利返回。

　　有一次，英机打掉了他的方向舵，他却安然返回防区。事后，他得意扬扬地说："我不知怎么回事，没有方向舵，我照样飞得很好。"

　　到1918年6月，戈林击落敌机累计达21架，并因此获得了被视为德国空军军魂和象征的里希特霍芬中队的指挥权。然而，还没有等他充分品尝权力的滋味，德国军队在战场上便节节败退。

　　11月3日，基尔港水兵起义，德国陷入了一片混乱。

　　11月11日，德国签署了停战协定，德国战败了。这对刚被誉为天之骄子的空中英雄——戈林是何等的打击！

　　他将往何处去？

追随希特勒
推动纳粹党上台

此后，戈林带着伤痛曾先后到过柏林和慕尼黑，然而到处是混乱，失望之余他决定离开多事的德国，取道北上，到北欧去寻求发展。

在北欧，戈林为丹麦人做过试飞员和飞行表演，后来又来到瑞典当飞行员。

1920年2月，瑞典社交界名人埃里克·冯·罗森伯爵包租戈林的飞机。在罗克尔斯垮特城堡，戈林遇到了伯爵的妻妹卡琳·冯·福克女伯爵。两人相见恨晚，很快坠入爱河，不久即同居。由于卡琳本是有夫之妇，两人决定远走高飞，前去德国。

在魏玛共和国里，这位30岁的退役上尉对未来没有信心，处于窘境。戈林开始在慕尼黑学习历史和国民经济。比起获取科学知识，这位经过斗争考验的飞行员更加渴求志同道合者之间的结合，渴求英雄行为和一个能帮助德国重新夺回昔日权威的"强人"。

1922年秋天，戈林在慕尼黑的国王广场上的一次集会上终于遇到了这样的一个新"皇帝"。这个人从一开始就深深吸引住了他。

此后不久，戈林在对方接待时间里第一次坐在了他的对面。他要给戈林的人生指明新的方向。而这也正是戈林愿意听的：《凡尔赛条约》是一种耻辱，犹太人和共产主义者要对这一切负责任，必须拯救祖国。这个人就是希特勒。

戈林相信希特勒能将德国从战败者的桎梏中解放出来。

"从我看到他的第一眼和听到他的第一声起，"两年之后他写道，"我

便在内心深处完全从属于他了。"

希特勒也对这位被授予过高级勋章的久经考验的勇士颇有好感："妙极了！一位因为特别英勇而被授予过最高勋章的战斗英雄！请你们设想一下：绝妙的宣传素材！此外他还有许多的钱，所以不用花我一个芬尼。"

戈林的声望对年轻的纳粹党，尤其是对希特勒非常有用。一个是平易近人的勋章获得者，一个是狂热偏激的蛊惑民心者——这就像一个魔鬼契约。

当希特勒把冲锋队的领导权委托给他的这位新追随者时，戈林感动地发誓说："我将我的命运无条件地托付给您，即使要我为此付出生命的代价。"

戈林曾经说过："我没有良知，我的良知叫做阿道夫·希特勒。"

戈林（右）和希特勒（左）在一起（塑像）

希特勒的政党和计划引不起戈林多大的兴趣。从作为冲锋队头目所做的单调的日常事务中，他只能获得很少的乐趣。尽管他在短时间内将一个管理不善的冲锋队变成了一支有战斗力的私人军队，但他更愿意把精力用在令他愉快的方面。

他让人给他剪裁了第一套梦幻般的制服。

他以高人一等的气势，骄傲而又显示宽容和友善的声调，对待像鲁道夫·赫斯或者阿尔

弗雷德·罗森伯尔格这样的"党内朋友"。所以，戈林在纳粹党内待着，却没有封建贵族般的领导权，这几乎是不足为奇的。对于戈林来说，意识形态是"无用的杂物"，他决心要毕生为希特勒效命。

1923年11月9日，天气阴沉而湿冷，在慕尼黑的大街上将要对权力和软弱无能作出决断。临近中午时，一队冲锋队和突击队队员启程向歌舞剧院开进。在队伍的最前列是希特勒、鲁登道夫将军和戈林。

观众们的欢呼声和"万岁"的叫喊声使他们希望这次夺取政权能够成功。但是在统帅大厅前只有几米处时，一枚子弹呼啸而来，随后大街上枪炮齐鸣，巴伐利亚州的警察们瞄准了行进队伍的第一排。

枪战中，死了14名暴乱者和3名警察。希特勒倒在了地上，戈林被子弹击中了腰部，身负重伤，一动不动地躺在大街的铺石路面上。在失去知觉几秒钟之后，他满身鲜血地挣扎着爬出了射击线。

冲锋队队员们把他拉上了一辆卡车，送到犹太家具商人巴林的家中接受简单的照料。随后戈林便开始了躲避警察追捕的逃亡。

戈林带着卡琳越过边界来到了奥地利。慕尼黑的失败使他在政治上的升迁突然停止了。尽管他还逍遥法外，但是伤口的疼痛给他带来的几乎是难以忍受的痛苦。奥地利因斯布鲁克医院的医生第一次给戈林注射了吗啡——这种毒品让他暂时忘却了痛苦，但也使他后来成为了一个瘾君子。不论是戈林的私人医生拉蒙·冯·昂达尔查大夫还是长年照料他的护士，在战后都报道说他睾丸受了伤。自此后，戈林便认为自己没有了生育能力。

被监禁在兰茨堡的希特勒请求逃到奥地利的戈林立即前往意大利，和墨索里尼建立联系。戈林认为以恳切的方式和一枚闪闪发亮的勋章，应该能激励墨索里尼这位"领袖"用20亿里拉帮助阿尔卑斯山另一边的遭破坏的"运动"。但这完全是幻想，墨索里尼一次也没有接待过希特勒派来"行乞"的这位使者。

由于戈林的财产在德国被充公，以及恩斯特·罗姆接管了冲锋队，一无所有的夫妇两人只得极其失望地回到卡琳在瑞典的父母家中。

可是戈林摆脱不了他的伤痛，他几乎每天都让人给自己注射吗啡。从前瘦高、容貌英俊的他不久就肿胀起来，深受记忆衰退和没有毒品就活不下去的压力的折磨。

戈林在戒除毒瘾的治疗中时常丧失自控能力，有一次竟打算结束自己的生命。于是这种治疗便不能继续下去了，他被转到瑞典的一家精神疗养院，这个疗养院专门接纳有生命危险的严重病人。

戈林依然依赖于吗啡注射。"意志非常薄弱的残暴的瘟病患者。"他在瑞典的病历中这样写道。医生认为他很消沉，有自杀的危险，以自我为中心，还是一个"仇恨犹太人的人"。

尽管如此，他还是于1925年10月7日被允许出院了，"没有精神障碍的症状"，戈林被正式认定"痊愈"了。但事实上他还是一个病人——一个每天给自己注射多达50毫克吗啡的瘾君子。除了卡琳，大概没有人知道他生活在毒品的阴影里。但是他抛头露面的机会越多，有关国家最高层人物吸吗啡的流言蜚语就滋生得越多。

在那段时间里，戈林仍然远离他所渴求的权力。当他于1927年对政治犯大赦之后重返德国时，终于结束了被追捕的艰难日子，从而寻求新的站稳脚跟的生活。

他要从零开始。对于早已从兰茨堡监狱释放出来的"元首"来说，像戈林这样一个人当然是来得正好。戈林恰恰适合填补希特勒最亲近圈子中那个急需填补的空缺。戈林不像希特勒是个小市民，不像罗姆是个雇佣兵，也不像戈培尔是个亡命之徒。他所具有的，正是"运动"中的暴徒们所缺少的：出身良好的家庭、精炼的举止和引起人们好感的才能。此外，他所荣获的为奖励战斗特别英勇而设立的勋章便是通往"朝廷"和财团们保险柜的通行证。

作为驻柏林的政治特派员，戈林奉命为希特勒赢得柏林上流社会的支持。而事实上他也成功地做到了这一点，他不仅为他的"元首"搞到了晋见德国总统冯·兴登堡的机会，还用克虏伯、图森、德意志银行、巴伐利亚摩

托厂、汉莎航空公司、海因克尔、梅塞尔斯密特等的捐款填满了纳粹党的钱箱。

作为德意志共和国国民议会的成员，戈林不久便如鱼得水般地混迹于由贵族、金融巨头和工业家组成的最具影响力的圈子里。他用充满幽默的闲聊和自私自利的魅力为希特勒在上层社会赢得了胜利。

虽然戈林在服用减肥丸后仍然越来越胖，虽然他深受失眠之苦，虽然他得克服卡琳于1931年10月17日去世给他带来的痛苦，但他仍然不乏用狡诈的手腕和肆无忌惮的诡计帮助希特勒越过通往权力的边界的巨大热情。

作为被选出的共和国国民议会主席，他用各种许诺和礼物贿赂总统的儿子奥斯卡·冯·兴登堡，将军队拉到希特勒这一边，并在使人耗尽精力的谈判中促使年迈的总统任命希特勒为国务总理。

当戈林在1933年1月29日将"不再有什么东西会阻碍夺取政权"这一消息转告给希特勒时，那可能是他"最幸福的时刻"。

戈林对这次胜利起了决定性的作用。希特勒用一大堆职位来奖赏这位帮手的功绩：最初没有职权范围的国务部长，负责飞行的全权代表和普鲁士内务部代理部长。

希特勒的信任使戈林受宠若惊，他在日记中诚惶诚恐地袒露了自己的心迹。他说：

> 当我被任命为普鲁士内务部长时，我告诫自己，必须接任这个难度最大的职务，因为这里是打通所有权力和职位的钥匙。我要狠狠地整顿一下，把那些仅仅是因为他们有红色的或是黑色的观点以及为了镇压所有的民族奋斗而身居要职的人全部扫地出门。

出任议会议长
操纵国会纵火案

1929年，世界经济危机的爆发使德国人民心中普遍存在的不满、绝望和彷徨，以及资产阶级对共产主义的畏惧心理，在全国得到了迅速的发展。在这种情况下，纳粹党在1932年的大选中大获全胜，一举成为国会第一大党。戈林被元首指定为纳粹议会党团领袖，当然也就成了议会议长，这是纳粹党迄今为止在国家公职中取得的最高职位。

当时纳粹党对总理府早已垂涎三尺，戈林就利用这一职位为纳粹党入主总理府潜心竭力，矢志以图。为此，他曾和当时的总理——巴本开了一个小玩笑。由于巴本在新选出的议会中遭到多数的反对，他准备在新议会还没有开始工作时就解散它。为此，他已经从总统那里搞到了解散令。

1932年9月12日，新议会召开第一次会议，并第一次由一位纳粹党人主持。会议一开始就有人提出弹劾巴本政府的动议，这使巴本着了急，他必须在议会表决之前就把它解散掉。他急不可耐地举手要求发言，但是议长却微笑着把脸转向别处。巴本举起那张解散令，并站起身来让会场的人看清楚。全场的人都看见了，只有戈林没看见。巴本气得发疯，他大步走到议长面前，把那张解散令朝戈林一扔就怒气冲冲地走了。戈林还是不看那张解散令，他微笑着说："如果没人反对就进行表决。"

结果，以530票对32票通过了这项弹劾协议。这时议长才"吃惊"地看到了面前的那张解散令。他宣读了一遍，然后裁决说："由于这是一个已被法定多数弹劾了的总理签署的，因而没有任何效力。"当然，议会最后还是接受了解散令。但戈林使用这种鬼把戏来达到目的，则刚刚是一个开始。

1933年3月5日，德国又要进行新的大选了。从1932年最后一次选举看，纳粹党失去了200万张选票，而共产党则增加了75万张选票。这使纳粹党极为紧张，他们要寻找一个办法遏制共产党的影响，并且一劳永逸地解决这个问题。

1933年2月24日，戈林派秘密警察搜查了共产党在柏林的办事处。然而，这是一个被共产党放弃了的办事处，戈林没有得到什么有价值的东西。但是戈林仍然宣布他找到了确凿的证据，证明共产党要发动一场革命。公众对这件事的反应并不理想，甚至保守分子也对此持怀疑态度。很明显，他必须在3月5日大选前，找到一个更加耸人听闻的事件作为彻底打击共产党的借口。

2月27日晚上，凛冽的寒风扫过柏林街头。黑暗中，一小队早已隐藏在戈林家里的冲锋队员揭开地下暖气管道的盖子，一个接一个地钻了进去，这是一条直通议会大厦的地沟。这些冲锋队员每人都携带着易燃物品，迅速地来到了议会大厦下面。他们钻出地沟，把易燃物品撒在所有能燃烧的东西上，然后便悄悄地顺原路返回。不一会儿，一个几天前被秘密警察发现的、神经

城市废墟

不正常的荷兰共产党员在秘密警察的精心安排下，偷偷地潜入议会大厦，脱下自己的衬衣把火点了起来。只两分钟的光景，议会大厦已是一片火海了。

戈林比谁来得都早。他头上冒着汗，嘴里喘着气，兴奋得有点失常。他立即断定，这是共产党人干的。他大声对秘密警察头子说："共产党的革命开始了！我们一分钟也不能坐等，我们要毫不留情地对付他们。共产党的干部一经查获，当场格杀勿论。今天晚上就把共产党议员统统吊死。"

戈林很快就达到了自己的目的，纳粹党就这样为大选排除了一个最大的障碍。后来，在1942年的一次宴会上，戈林酒后露真情，他得意地吹嘘说："真正了解国会大厦的只有我一个人，因为我放火把它烧了。"作为希特勒的帮凶，戈林为主子献上了一份丰厚的礼物。戈林可以为所欲为了，根据他的命令，政治敌人们，包括同性恋者和信仰耶和华的人，被一道驱赶到了集中营。在奥拉宁堡和帕彭堡，戈林让人将这些管教和刑讯的场所建造成"改造营"。

至1933年7月底，即希特勒夺取政权半年之后，"改造营"中政治犯的人数就已经迅速膨胀到了27000人。在纽伦堡审判中，戈林夸夸其谈地说，这些逮捕和拘留都是"国家在受到非法进攻时采取的紧急自卫，是一种国家政治行为"。在集中营里肯定会有残暴、拷打和"粗鲁的行为"存在。然而戈林却又宣称："我早已经下达了要阻止这类事情发生的指示。"为自己的行为进行辩解。

就这样，戈林既为后来清除共产党立了首功，又为希特勒赢得了合法实行纳粹恐怖的尚方宝剑。

从建立秘密组织到"解决犹太人问题"

1933年3月23日，随着国会通过《授权法》，希特勒获得了立法权，这标志着德国从此进入法西斯专政时期。

希特勒为了便于纳粹统治全国，首先迫使总理巴本辞职，继而让戈林接替其位置，并且给予了戈林代理外交部长的职务。此后，戈林就像一只巨大的蜘蛛，不断喷溅着毒汁，在一个个角落里编织着权力的网络。

首先，他建立了国家的秘密警察组织——盖世太保。

盖世太保本是柏林市警察局长冯·勒韦楚组建的，其中一个重要目的是制止纳粹冲锋队的无法无天行为。希特勒发现勒韦楚的企图后，立即让戈林解除他的职务。

戈林发现这个秘密特务组织非常合乎他的要求，因此他将勒韦楚的组织划归他直接掌管的普鲁士内政部。从此，盖世太保逐渐发展成一个无孔不入的恐怖组织，成为纳粹暴政的象征。

其次，戈林创建了情报研究所。这个以电子研究为幌子的情报机构，实际上是当时世界上装备最精良、技术最先进的特务组织。

戈林将研究所分为若干个语言区，监听通过德国陆地的通信线路和附近的海底电缆，获得的情报可以使纳粹对国外的动态迅速作出反应，占据主动权；另一方面也使戈林在希特勒心目中的地位远远超过了其他权力竞争对手。

在通话的高峰时间，戈林手下有多达3000余名工作人员在监听国务总理办公厅、各部委、党务办公室和大使馆的电话线。监听专家们昼夜不停地破

译着密码文章并做着记录，用以满足他们上司对来自政治和私人方面的消息的饥饿感。

不论是约瑟夫·戈培尔和莉达·巴罗瓦之间极个人的窃窃私语，还是外国通讯记者之间的政治讨论——戈林手下的监听人员都勤奋地逐字逐句地做着记录，尽管这种工作是如此的乏味。

纳粹力量的壮大，本来与冲锋队的鼎力相助有关，戈林就是冲锋队的最早队长之一。

然而纳粹上台后，冲锋队变得无事可干，认为在权力分配时没得到相应的照顾，其头目罗姆迫切要求进行"第二次革命"，企图将国防军并入冲锋队。

反对这项计划的不仅有国防军的将领们，而且也有罗姆的党内对手，首先就是戈林。由于罗姆不断向戈林掌握的各机关安插特工人员，所以这两个纳粹元老之间的关系十分紧张。戈林极力劝说希特勒以最严厉的手段镇压罗姆及其冲锋队。

德军驱赶当地居民（模拟场景）

希特勒亲自领导了南部的谋杀行动。戈林和海因里希·希姆莱在柏林和北德采取行动——对于戈林来说，这又是一个在希特勒那里毛遂自荐甘为刽子手的机会。

在他曾经就读过的柏林利希菲尔德军官学校里，他让人枪杀了43名所谓的暴乱分子。这是纳粹政权实施的首次集体大屠杀。

就是在纽伦堡审判中，戈林也不为此感到懊悔："冲锋队是怎样一群反常的强盗啊！我把他们消灭了是一件好极了的事情，否则他们就会杀死我们。"

希特勒非常高兴他"最忠诚的追随者"在危难时刻能作出如此"冰冷"的反应。戈林这位久经考验的勇士证明了自己是可靠的。他在意识形态上不是那么坚定并不影响什么。

他盲目地服从希特勒并享受着他的信任。仅仅是希特勒的到场就足以使他丧失判断能力。他曾对经济部长哈雅尔马·夏霍特说起过："我努力克制自己，但是每一次当我站在希特勒的面前，都感到非常害怕。"

这首先是对希特勒那使他成为甘心效劳的执行者的权力的敬畏。

"谁只要多少知道一点我们这里的情况，"戈林于1934年让人在他的《民族建设》一书中写道，"他都会明白当元首愿意给予的时候，我们每个人都拥有同样多的权力。只有追随元首才可能真正地有权势，将国家强大的权力握在手中，但若违背他的意志，哪怕只是惹他不高兴，也会立即失去全部权力。元首的一句话可以弄倒任何一个人……"

戈林的献身是值得的。1934年8月2日，希特勒接任国家元首和武装部队总司令职务，总理和总统的职位合二为一。为酬报戈林，12月7日，希特勒签署两个命令：

一是他不能视事时，戈林可全权处理一切事务；二是明确戈林为他的接班人。

这样，戈林在纳粹党中的权威地位已不可动摇。然而戈林的胃口却永不会满足。从1935年开始，他突然关心起了经济问题。为此，他排挤了纳粹的经济理论专家沙赫特，将德国经济纳入战时轨道，剥夺犹太人的财产，其本人也很快成为德国经济领域的"无冕之王"。

与此同时，他把空军作为自己的私有领地，不许任何人染指，并毫不隐讳地表明，他希望晋升为空军元帅。为了安抚他的情绪，希特勒于1936年夏天晋升他为四星上将。早在夺取政权以前，戈林就已经作为快速扩充军备的极端拥护者而出名了。现在身为空军总司令的他，负责把耗资巨大的需要大量原料的空军军备生产推向前进，从而使希特勒拥有一个强大的进攻武器。

"我做梦都想拥有一支空军，"他在飞行少尉们上路前的宣誓典礼上讲道，"如果一旦发生什么事情，它便像一群复仇的野兽凶猛地扑向敌人。敌人应该在和你正式交手前就已经感觉到了失败。"

在1935年夏天——时值刚刚公布了普遍服役义务——戈林便敦促希特勒将空军当时的实力扩大两倍，然而由于缺乏原料，那只不过是不切实际的打算。为了改善原料状况和"确保继续自卫反击"，希特勒于1936年再次授权他的"多功能武器"戈林，让他负责原料和外汇。

希特勒在一份绝密的备忘录中要求德国军队必须在4年内具有"随时可供使用的能力"，以及德国的经济具有"适合战争的能力"。对此他不允许有异议。对于希特勒来讲，经济问题是"意志问题"，而且他相信戈林具有这样坚强的意志。"他是我所有的人中最好的一个……他是一个坚毅果敢的人，知道什么是必须做的，并去实现它们。"

尽管戈林在经济问题上是个门外汉，希特勒还是于1936年任命其为扩军备战的"4年计划"的全权总代表，从而使得他成了国家中第二号权势人物。作为"负责4年计划的专员"，戈林根据最高当权者的命令，负责推动军备生产，"为德意志民族争取到获取食物的自由"，但是首先应该搞到原料和外汇，以便为希特勒的"和平中的战争"作准备。

"不要黄油要大炮，飞机、坦克、轮船现在比个人消费或者比巩固的国

家财政都要重要。"这就是戈林的指导原则。对于受人尊重的帝国经济部长和帝国银行主席哈雅尔马·夏霍特等专家们的警告，戈林则置之不理。

他现在和实行独裁统治之初一样，用尽一切手段，不顾任何反对，强行推行希特勒的政策。只要一笔一笔地合计一下，就会看出：无节制的军备导致了被迫决定发动战争，以避免国家在财政经济上的崩溃。

"扩军备战的结果是不可预见的，"戈林1936年12月告诉工业巨头们，"如果我们胜利了，那么我们的经济将得到足够的补偿……不可以去计算花费了多少……我们现在是在以最大的投入作为赌博。有什么能比接到扩军备战的订货更值得呢？"

1936年12月2日，戈林在空军领导层面前讲得具体些："整个形势非常严峻，但愿1941年前能保持安宁。但是我们不得而知，纠纷是否会提前到来。我们已经身处战争之中，只是还没有开枪罢了。"这只道出了一半的真实情况。

和希特勒一样，戈林也不愿意放弃沉浸在欢呼的海洋中的机会。他公开宣称随着德国军队的进入将有步骤地实现恐怖政策。他叫喊："维也纳这座城市不能再称作是德国城市。这里有30万犹太人，所以不能称它是德国城市。"

还在欢庆统一的时刻，戈林就下令立即仔细地使贸易"雅利安化"，并强迫犹太人流亡国外。现在这位"负责4年计划的专员"也在德国驱逐犹太人了。自从戈林作为国会主席于1935年9月在纽伦堡市颁布《种族法》，作为反对犹太人斗争的"神圣标志"以来，在法律面前，犹太人已被看做是二等公民。尽管戈林的反犹太主义还没有像约瑟夫·戈培尔一样极端到灭绝犹太人的程度，然而在宽容的表象下仍然隐藏着对犹太人根深蒂固的仇恨。这种仇恨早于1925年在瑞典的精神疗养院就已引人注目，并使他在"第三帝国"中成为迫害犹太人的推动力量。

戈林甚至在老朋友面前也不掩饰这种仇恨。有一位犹太珠宝商人过去是曾受戈林指挥的歼击机飞行员，当他向戈林忧心忡忡地报告仇恨犹太人的

恐吓信时，最初戈林还表现得很友好，"你们不用担心，我会关照这件事的"。但是当那位请求者随后表示要成为德国人时，戈林盛气凌人地斥责他说："对一个从前的战友，我已做了一切，但是我要剥夺你成为德国人的权利。你永远也不是德国人，你是犹太人。"

根据戈林的观点，必须"用尽一切手段"将犹太人从经济中清除出去。尽管他批评由约瑟夫·戈培尔于1938年11月9日策划的在"帝国水晶之夜"中对犹太人的集体迫害，但这并不是出于对犹太居民们的同情，而是纯粹出于经济上的考虑。"我更愿意你们杀死200个犹太人而不是毁坏了这些有价值的东西。"

犹太教堂被烧毁的打砸抢之夜刚过两天，戈林就邀请所有参与了行动的部门到帝国航空部参加一个"有决定意义"的会议，以作为怀有恶意的骚乱的结束。

在会上，他按照希特勒的愿望直切主题：现在必须统一一致地总结"犹太人问题"并"这样或那样"地予以解决。"元首昨天通过电话再次向我指示目前起决定作用的集中统一的步骤"。于是戈林便担任"解决犹太人问题"的最高协调人。

按照他的话说，"犹太人问题"是一个"广泛的经济问题"，他要通过经济的"雅利安化""一个接一个"地解决这个问题。在戈林的主持下，大会决定建立一个"犹太人移民集中地"，并让德国的犹太人承担缴纳10亿马克的"义务"——作为对由冲锋队和党卫队造成的破坏的"补偿款项"。

戈林显然非常满意地对与会者讲道："此外，我还将再次强调说明，我不愿德国有一个犹太人。"

戈林在这段时间里，并不只是处理"犹太人问题"。刚刚"合并"完奥地利，他便瞄准了希特勒又一个外交目标——苏台德。他根据劫掠来的奥地利驻柏林、布拉格、巴黎和伦敦的大使馆的档案以及他的"研究局"所做的窃听记录得知——英法两国是如何害怕战争的。这些情况更坚定了他准备采用类似1933年3月对奥地利采用的强迫手段来解决苏台德问题的决心。

　　但是他的计划没有实现。这一次是希特勒决定进展的速度。戈林又一次发现自己处在观众的地位。戈林打算把"欧洲的盲肠"——捷克斯洛伐克非暴力地切除，"并在波兰、匈牙利和德国之间进行瓜分"。他担心"摘取布拉格"可能会使得西方列强介入并挑起一场世界大战。

　　然而在此期间，希特勒已经在较高级的文武官员们面前表达了他那"不可改变的决定"，即在不久的将来"通过一场军事行动来摧毁"捷克斯洛伐克。戈林作为唯一的一个人提出了谨慎的想法：把德国高度武装起来以减少遭受进攻的危险不是更好吗？

　　希特勒把他追随者的意见当做耳边风。他打算进攻。和平只不过是战争的前奏。尽管如此，希特勒自1922年以来就对外公开了他认定的随从。这位国家首脑在南斯拉夫保尔王子面前宣称："我并不感到孤独。我有世界上最好的朋友。我有戈林。"

　　埃米·戈林由于希特勒未婚而成为德国的"第一夫人"。当她令许多人目瞪口呆地生下一个女孩时，希特勒便做了孩子的教父。这个女孩按照墨索里尼女儿的名字取名为埃达。然而教父是希特勒也没有改变对戈林家这位新添人口戏弄性的评论。

　　埃达这个名字代表着什么呢？民间的笑话是：永远感谢那位副官。（埃达德文为ED-DA，正好是永远感谢那位副官中各词的首位字母的组合）小型歌舞演员韦勒·芬克嘲弄说，那个孩子原本肯定是叫哈姆雷特。

　　戈林认为他在搞卑鄙的恶作剧，于是芬克进了集中营。然后戈林这位举足轻重的乐天派也表现出如此贴近人民的幽默——谁取笑了他，谁不久便没什么可笑的了。

　　当戈林1936年在"德国装甲战舰"由于晕船而在甲板上呕吐时，两名莽撞的少尉授予他"帝国喂鱼大臣"的头衔，还同时给了他相应的网眼衬衫。这个玩笑也是以逮捕结束的。

掌控纳粹空军
充当战争先锋

　　1939年9月1日，第二次世界大战爆发当日，希特勒在国会中宣布："如果我在这场战争中遭遇到什么不测，那么我的第一继承人便是党内的戈林同志。"

　　宣布继承人的公告于1941年6月29日被书面公证，这使戈林成了驯服的工具，也注定了他对希特勒的从属和依赖。只要希特勒活着，戈林就得向他保证忠诚，就不愿意被剥夺继承权。

　　对于希特勒来讲，规定继承人只是一种纯粹的形式。而对于戈林而言，却表明他又被划进希特勒身边最亲近的圈子了。只是对有朝一日继承"元首"的职位的指望，换来了在战争期间令人感到屈辱的权力丧失以及"他的"空军的失败。

　　受空军装备状况的虚假数字的迷惑，以及被负责空军武器试验的工程师们主观臆造的"建设成就"所蒙骗，戈林对"他的"飞行部队寄予了不现实的厚望。

　　但事实上，戈林的骄傲还缺少远程重型轰炸机以满足一场持续较长时间的空战的战略要求。这支空军是为针对波兰或者法国的"闪电战争"而装备的，但却不能胜任和英国皇家空军进行战斗。只有4架型号为"Ju-88"的轰炸机可以投入使用。远程轰炸机还只存在于罗斯托克、马林埃尔那些海因古尔手下的设计者们的绘图板上。

　　戈林本人曾于1937年4月29日把建造远程轰炸机一事暂时搁置起来了。可以肯定的是：要取得轰炸机战略进攻的决定性胜利，是不能指望这支空军

的。战争的爆发毫不留情地使空军陷入了绝境。

戈林总是设法在世界上显示自己的空军。在西班牙，他的秃鹰军团已经充分地表演了一次。但这一次还是使全世界为之一震，戈林痛快极了。空军为他赢得了不少荣誉，他对空军也十分信任。

1939年9月1日拂晓，戈林的空军先于其他兵种乌鸦般地向波兰扑去。几分钟后，波兰的所有重要目标都遭到了来自空中的闪电般的袭击，所有作战设施几乎成为灰烬。

1940年5月，在征服法兰西的战争中，他的空军表现得尤为出色。他们不仅成功地摧毁了军事目标和交通线，而且在摧毁法国人民抵抗意志、造成战争恐怖方面也作出了贡献。

戈林特意在飞机上装了一种凄厉的尖哨，每当飞机俯冲时就发出一种令人毛骨悚然的嚎叫。这种声音简直把法国人吓坏了。那些拥挤在公路上向后逃跑的军民一听到这种声音，就像见到了魔鬼一样乱作一团，任何重要的军事运输都不能照常进行。

但是，从敦刻尔克大撤退开始，戈林的空军有点每况愈下了。正当敦刻尔克的战斗激烈进行的时候，戈林感到有些不舒服，他看到在整个战场上出风头的尽是陆军和装甲兵，而他的空军却没有得到单独显示力量的机会。

眼下已到了决战关头，他不能眼看着全部勋章都挂到那些陆军和装甲兵身上。于是，戈林跑去警告那位一向疑心很重的元首，如果这场战争最终是由陆军取胜的话，那么元首的威信将大大下降。他建议，由他的空军来最后解决那些陷在重围中的可怜虫。

结果，这就成了希特勒突然下令A集团军的坦克停止前进的原因之一。

被蝗虫般的坦克追得溃不成军的英法联军突然绝路逢生。他们在海边的一块弹丸之地——敦刻尔克扎住了阵脚，准备在那里与德军背水一战，以待对面英国接应撤退的船队赶来。

等到德国重新开始进攻的时候却遭到法军从未有过的顽强抵抗，每前进一步都要付出惨重的代价。

这时，从英国本土开来的大批救应船队，一批又一批地把英法军队从这块弹丸之地接走，9天时间一共抢救出34万名英法士兵。那么，威力无比的"戈林战鹰"哪里去了呢？

"戈林战鹰"并没有带给戈林预期的荣誉：一是由于气候恶劣他们无法出动；二是他们遇到了英国空军第一次大规模的抵抗。

结果，戈林不但没有解决掉这些残兵败将，而且让他们从自己眼皮底下逃走了。这是戈林，也是纳粹德国第一次最严重的失败。然而，戈林并没有因此而丧失对空军的信心，他要在未来与英国决战的时候报这一箭之仇。

1940年8月13日，戈林的"鹰计划"开始执行。"鹰计划"是德国入侵英国整个计划的一部分。其目的在于掌握制空权，为入侵铺平道路。

但是，在戈林元帅心目中，入侵是多此一举，单靠他的空军就足以使英国人屈服。为此，他决定倾巢出动，一举荡平英国空军。他"非常谨慎地"告诉人们，他可以在4天内消灭英国南部的空军，在稍长一点儿时间里使整个英国空军失去战斗力。

德国空军确实不同凡响，在西班牙、在波兰、在法国都曾独占鳌头。这让戈林相信：此次收拾英国也不会有多大麻烦。其实，英国已经是戈林的手下败将了。于是，一场史无前例的大规模空战在狭长的英国蓝天上展开了。

戈林做梦也想不到，在陆地上被德军打得落花流水的英国人，在天上竟如此英勇。特别令人意外的是那个叫做"雷达"的新式武器，使德国飞机没有到达之前英国人就能了如指掌。

他们总是等候在预定地点，德国飞机刚一出现，便给予沉重打击。戈林的空军遭到了严重损失。

尽管如此，戈林仍然屡屡得手，但两个严重的战术错误使他功亏一篑。他本来知道英国"雷达"的厉害，但却没给予足够的重视，在稍加打击之后就放弃了。此外，戈林曾集中力量打击英国的战斗机群。这一战术措施使英国空军突然遭到重大伤亡，战斗机大量损耗。

丘吉尔担心，再这样持续下去，英国空军将面临崩溃的危险。然而，

戈林却突然改变了作战方案，开始倾全力夜袭伦敦，从而使英国空军绝处逢生，获得喘息之机。等戈林回过头来再想对付那些战斗机，则为时已晚。

经过一个多月的激烈空战，戈林无法获得制空权。

希特勒对这样无止境的消耗战已经厌烦，下令停止。入侵英国的"海狮计划"也因此无限期推迟。对英空战的失败，是德国自开战以来最重大的失败，也是戈林听到的第一声丧钟。

不列颠空战不利的局势使不可一世的戈林变得垂头丧气，他甚至不再有心思去关心前线的战局，转而在法国搜括各种各样精美的艺术品。

戈林在法国一直待到11月初。在此期间，希特勒加紧制订进攻苏联的"巴巴罗萨计划"，将战略重点转向东方。戈林对此竟一无所知，直至12月18日才得到希特勒的正式指令。

"巴巴罗萨计划"的要点之一，就是利用巴尔干南翼国家，作为德军的集结地和后勤供应基地。

为此，1941年4月，德军入侵南斯拉夫和希腊，戈林出动了300架轰炸机袭击贝尔格莱德，酿成17000人死亡的惨剧。两周后希腊战事结束。而在此以前，墨索

戈林在飞机前

023

里尼的军队在6个月里都没使希腊人后退一步。

6月22日，德军在波罗的海至黑海的1000多千米的战线上向苏联发动大规模攻势。戈林派出2700架飞机参与行动，目标是对方布置在边境线上的4000多架飞机和1000多个雷达站，然后全力支援地面部队的进攻。在最初的一个月里，德军的打击使得苏军节节败退，似乎只有束手待毙的份儿。纳粹党徒们欣喜若狂，一场权力角逐随即在上层拉开。

戈林一再提醒希特勒，要注意刚得到党务部长一职的鲍曼的"野心"。

希特勒则安慰说，戈林在第三帝国中的地位是任何人都无法取代的。

1941年6月29日，希特勒签署了一份秘密指令，确认戈林为他死后的"唯一"接班人，并且可以作为他的"一切事务的代表"。戈林心花怒放，美中不足的是身体状况欠佳，尤其是心脏。于是戈林将注意力放在疗养上，甚至懒得关心时局。

进入8月份以后，军备不足的德国空军不再能充分地配合陆军，不免使戈林脸上无光。

直到希特勒任命米尔希为新的空军军械局局长以后，飞机的产量才大有起色。然而，随着冬季的到来，前线的情况不断恶化，希特勒对戈林的态度变得冷淡起来。

1942年2月，希特勒剥夺了戈林主管军备的权力。此后，戈林的4年计划系统慢慢被施佩尔所架空。

1943年1月底，由于戈林的空中运输不力，在斯大林格勒（今伏尔加格勒）陷入重围的德国第六集团军经过绝望的顽抗后被消灭。

3个月后，北非战场也陷入了灾难。

在德国国内，戈林的空军似乎从天上消失了，而敌机则在德国实施不断升级的毁灭性轰炸。

英国空军在1943年3月对鲁尔区进行了一次地毯式轰炸。在1943年6月24日至30日，英国空军对汉堡进行了5次大空袭，用成千上万的燃烧弹在汉堡地区点燃了熊熊大火。大火使街道上的沥青地都炽热地燃烧起来。戈林本来希

望伦敦遭受的灾难突然落到了汉堡的头上。这一切让希特勒对戈林的恼怒又升级了。

英国皇家空军用锡箔使雷达监视系统"迪泊尔希特莱劳"陷入了瘫痪，这样德国空军整个夜间行动就变得盲目了。德国在夜间没有任何保护措施。

戈林既不能抵抗英国和美国的袭击，又没有有效的手段进行反击。

英国飞行部队在夜间几乎一刻不停地袭击着德国城市，而且其战略进攻也越来越准确。曼海姆、纽伦堡、达姆施塔特、海尔布隆，每一座稍大一点的城市都成了潜在的目标靶。"欧洲要塞"的"屋顶"对空中大敞着。

在那段时间，纳粹所有的希望都寄托于在佩内明德发疯般生产着的"复仇武器"上。当在一次大规模的空袭中，不仅柏林，而且那个秘密的导弹试验中心也被轰炸了时，希特勒的暴怒几乎达到了极点。

必须得有个替罪羊。

希特勒原本是冲着戈林发火的，但他不打算损害戈林的威信，他把罪责推给了总指挥部头目汉斯·耶肖雷克大将。后者反正已经对戈林喜怒无常的脾气，对他的愚昧无知和过分自信失去了信心。

受指控的折磨，耶肖雷克也和乌德特一样用手枪对准了自己的太阳穴。在他遗留下来的书桌上有一张纸条："我不能再和帝国元帅共事。元首万岁！"

就连希特勒也和戈林的联系越来越少。大量粗暴的侮辱和伤害不仅仅只在私下里发生。"您的烂摊子空军"，希特勒这样批评戈林，却不愿承认空军的能力是不能胜任分配给它的任务的。"戈林！空军毫无用处。这是您的责任。您太懒了！"

一段时期以来，希特勒在注意戈林在卡琳厅或是在弗尔登斯坦因城堡中拜占庭式的生活风格时，越来越表示出反感了。

就在德国空军为生存而战的同时，戈林邀请斯德哥尔摩新任公使汉斯·托姆森去打猎，紧接着又到卡琳厅去观看时装表演。

"早晨穿着17世纪时的紧身上衣，并带有凸出的白色衣袖，"外交官

乌尔里希·冯·哈塞尔描述道,他对戈林滑稽可笑的装束持反对态度,"白天换了多次衣服,晚餐时穿着蓝色或紫罗兰色的日本和服和镶着毛皮的睡鞋……次日早晨,他又在腰间佩戴上了一把金制短剑,领带上别着一个镶满宝石的别针,缠在他那肥胖的身体中间的是镶着许多宝石的宽腰带。其外表的华丽和戒指的数目简直让人瞠目结舌。"

然而,希特勒仍然让戈林担任总司令——正如他对海因茨·古德里安大将所讲,这是出于国家政治上的考虑。因为民众对由他指定的继承人的喜爱程度依然未减,这对于政权是有用的。

所以戈林首先仍然是一个不能低估的权力因素,因为希特勒从来也没有打算完全抛弃他在斗争时期为自己创作的关于那位"老战士"的图画。

墨索里尼倒台后,在1943年7月25日的形势讨论中,希特勒像在催眠状态中一样热情洋溢地谈论道:"帝国元帅和我一起经历过非常多的危机,他在危机中是冷酷的。在危机时期不可能有比帝国元帅更好的建议者了。""他在紧急关头残忍而冷酷。我总是看到,当进行殊死斗争时,他便是一个毫无顾忌,如钢铁般坚强的人。也就是说,你们根本得不到一个更好的。他还帮我渡过了所有的危难时刻,他总是变得很冷酷……"

尽管有失望和不成功,但"元首"和他"第一位追随者"之间的纽带看来是不可割断的。

约瑟夫·戈培尔的副官鲁道夫·塞姆勒于1943年8月10日在日记中写道:

> 从政治上看,戈林可能已经死了。已经有关于他死亡的谣传了。所以希特勒建议——令人感到奇怪的是,戈林在他那里还享有很高的威望——帝国元帅应该重新在公众场合露面,以重新赢得大家对他的喜爱。

应该认为,在这种情况下和人民群众打成一片,对于像戈林这样一个人

来说并非不危险。但是步行柏林大街一事表明，由于戈林的同情心以及他的魅力，他仍然可以令人吃惊地获得人民的好感。

很显然，对空袭和作为空军领导而失去作用的责任被推到了别人的身上：大多数人认为"领导层"应该对此负责任，但却不是这位"肥胖的人"。对于空袭中绝望的牺牲者来说，戈林与其说是出气筒，倒不如说是一个滑稽人物。

群众嘲讽说，戈林和"腾格尔曼"相似——在每一个城市里都遭到失败。

而关于空军则是这样说的："只要戈林的歼击机在空中，空袭肯定已经结束了。"

这些黑色幽默有着一个真实的背景。

1944年5月，每天有2000架盟军的飞机进入德国领空，落到化工厂、炼油厂以及军备企业的炸弹一天比一天多。

1944年冬天，情形看起来完全绝望了。德国空军正处在瓦解状态，德国城市陷入废墟之中。戈林辱骂他的歼击机就像胆小该死的乌德特对空军军备生产中的混乱状况一样无能。

戈兰德建议将达到成批生产水平的喷气式飞机"梅塞尔斯密特"262飞机作为截击机立即投入使用，戈林拒绝了，为的是维持他和希特勒之间易碎的和平，因为希特勒荒唐地要求将其作为轰炸机使用。

有关此种第一批生产的喷气式飞机投入使用的纠缠持续了数月之久。直至1944年夏天才将"梅塞尔斯密特"262飞机作为"闪电轰炸机"和"阿拉多234"飞机供应给空军，但以此来对付德国上空的盟军空军已经太晚了。这些先进的飞机几乎是不起任何作用地消失在了盟军大量密集的炸弹中。

1944年，武器车间提供了38000架飞机，但是化工厂被轰炸后，这些歼击机由于缺乏汽油而陷于瘫痪，它们现在才大量地从工厂车间滑行到停机场，在那里毫无保护地遭到了轰炸。

戈培尔1944年6月6日在日记中透露：

我们在空战中的劣势简直是灾难性的。元首对此非常痛苦，特别是考虑到戈林肯定对此负有直接或间接的责任。但他又不能采取反对戈林的行动，因为这样一来，帝国和党的威信将会蒙受最严重的损失。

就是在空军内部，对这位总司令的信任也在逐渐消失。戈林这位在第一次世界大战中被授予最高勋章的战斗英雄，曾经是年轻飞行员心中的偶像，但他却远离了空军的困顿和担忧。

戈林1944年11月7日在柏林瓦恩湖举行的一次会谈中，再次谩骂到场的参加过战斗的飞行员是"胆小鬼"。当让所有歼击部队在唱片上听到这次侮辱性的讲话时，差点导致了一场暴动。

由此可见，这位总司令和他的军官们之间的关系遭受损害的程度之深。当戈林为了解释自己的不妥行为而召集30名重要军官举行"空军会议"，并在会上责备"代表们""在批评空军中任何事情或任何人时把我除外了"时，气氛仍不见好转。

"1945年1月中旬至月末，"他在纽伦堡说，"就不再有任何希望了。"戈林已身处绝境：不管是在希特勒那里，还是在他的军队那里，他都得不到支持。

逃离第三帝国
接受正义审判

1944年，英美盟军在诺曼底登陆，开辟欧洲第二战场，使法西斯德国陷入东西夹击之中。

希特勒狂吼乱跳依旧难解决任何问题。苏联在取得斯大林格勒保卫战的胜利之后，对德军连续发动10次快速纵深的攻击，使德军节节败退。

第三帝国岌岌可危之时，作为法西斯党徒的戈林的政治生命也该完结了，但是元帅的野心不减当年。

当1945年2月苏联军队移近肖夫草原的世外桃源时，戈林派人将夫人埃米和女儿埃达带往巴伐利亚。在德累斯顿陷入地狱的同时，他关心的是将首批着陆的艺术珍宝藏在贝希特斯加登附近的一个山间隧道里。

在那段时间里，他最后一次萌发了和平的希望。他打算和盟军进行一次和平谈判，并由于对形势完全错误的判断而相信"在不分胜负的平局中还有机会"。然而私下里他也预料到了最糟糕的结果并写下了遗嘱。

1945年4月20日，是希特勒最后一次生日。戈林最后一次启程到国务总理办公厅，目的是再一次站到那个他在所有罪行中都以盲目的忠诚助纣为虐的人的面前。戈林在20多年前就发过誓，他将至死都对希特勒保持忠诚。现在他却决定尽快离开他的"元首"和已被包围的德国首都。

阿尔伯特·斯佩尔描述了当时的情景：

戈林解释说，他在南部德国有万分紧急的任务需要完成。希

特勒心不在焉地看着他。他向戈林伸过手去，说了几句无关紧要的话。

戈林随后来到卡琳厅，亲手将这座庄园炸飞，自己逃到了上萨尔茨山。他有着吸毒的坏名声，身体像希特勒一样极端衰弱，但却怀着有朝一日实现人生最大目标的希望：从希特勒的阴影中走出来并继承他的职位，最终成为唯一的统治者！

关于希特勒所谓的神经崩溃的消息，再一次使他发疯似的忙碌起来。

希特勒真的死了吗？

1945年4月23日，戈林向希特勒在柏林的住所发去一封后果严重的无线电报。电文前几行的内容就把希特勒的脸都气红了。原文是这样的：

我的元首，您同意我按照您1941年6月29日发布的公告作为您的代理人立即接任帝国的全部领导权，并对内对外享有完全的行动自由吗？

仅仅是这个问题就已经使希特勒感到受了侮辱，那么接下来的文字便注定了他和戈林之间的关系最终破裂。

如果直至晚上22时30分还没有答复，那么我就认为您被剥夺了行动自由。然后我将视您公告的前提条件已经成立并开始为民族和祖国的幸福而行动。

鲍曼不必考虑过多，他深知这是最终击败他的内部敌人的大好良机。"戈林背叛了您！"他向希特勒强调说。

"对他我早就看透了，"希特勒晃动着脑袋叫喊道，"我知道戈林很懒，他毁了空军。他贪污腐化，他干的事使营私舞弊在我们国家成为可能。

多年以来，他一直是个瘾君子。我很久以来就知道了。"

没过多久，党卫队在贝希特斯加登的行刑大队长贝恩哈德·弗兰克就接到了鲍曼匆匆忙忙亲笔涂写在纸上的命令："立即包围戈林的住所并逮捕至今为止还是帝国元帅的赫尔曼·戈林，任何反抗都应该被制服。"由阿道夫·希特勒签名。

1945年4月23日晚将近22时，弗兰克在戈林位于上萨尔茨山宫殿般的乡村别墅里鞋跟相碰地向这位假定的叛变者行礼并坦白相告："帝国元帅阁下，您被捕了！"

6天之后，希特勒在他的"政治遗嘱"中命令：

我在死前开除前帝国元帅赫尔曼·戈林出党。

这位希特勒的得力干将，纳粹元凶，为第三帝国的建立立下过汗马功劳，他也许从来就没有想到，他亲爱的朋友希特勒在最后的时刻抛弃了他，他成为了第三帝国的囚徒。这是多么富有讽刺意味！

1945年5月，苏军攻克柏林，希特勒在绝望中自杀。而这时已沦为阶下囚的戈林认为自己被希特勒误解了，自己是某个阴谋的牺牲品。尽管不是他，而是海军元帅邓尼茨接任了希特勒的职务，但是他仍然坚持自己是唯一有合法权力决定德国命运的人。他要和盟军总司令艾森豪威尔进行对等的谈判。

5月7日，这位帝国元帅带着妻子埃米和女儿埃达在前往和美军会面地点的途中，在拉德施塔特附近的一条山路上被美军俘虏。这应该是赫尔曼·戈林最后一次以自由人的身份见到他的家人了。

他的评论意味深长：我至少有12年是体面地活着的！被俘后，戈林没有受到什么特殊的待遇，他被艾森豪威尔送进了普通战犯的牢房。帝国元帅被俘以后似乎很潦倒，他经常向人要药片，说没有药片他就活不了。

在美国人的牢房中，戈林没有享受到昔日荣华富贵，但是和以前相比他得到了一个绝妙的好处，他戒掉了毒瘾，而且体重也下降了，倒还显得神采

⬆ 戈林（中）受审现场

奕奕了。不管怎样想，戈林也逃脱不了历史的审判，尽管内心有一百二十个不情愿，但这一天终于还是来临了。

赫尔曼·戈林对此丝毫没有准备，但是这位被告没有让人觉察出什么来。当垂头丧气地坐在被告席第一排的椅子上时，他看起来很困倦。他用双手捂住眼睛，只是偶尔抬起头来，草草地向左边看上一眼。

他的左边是纽伦堡司法大楼600号大厅的正墙，在那里的两扇宏伟的大门之间挂着一幅电影银幕。大厅内差不多漆黑一片，只有被告席和法官席像舞台上一样由探照灯照明着，没有任何声响。

这是一种被惊呆后的沉默，其间偶尔夹杂着一声抽哽和叹息，就好像整个大厅正经历着一场噩梦。但是戈林一点也没动声色，他避开那些用作证据的电影记录附言所展示的画面，但是他通过耳机在听翻译人员翻译那个美国发言人的描述："在这个莱比锡附近的集中营里，有200多名政治犯被活活烧死。这个集中营原来有350名犯人，其余的犯人在从简易木板房冲出来时，被开枪打死了……"

这部长达一个小时的官方纪实片为美国于1945年11月29日指控集中营里的犯罪——谋杀行为——提供了证据。就是赫尔曼·戈林这位"第三帝国"的第二号人物也要为此承担责任。

戈林生硬地否定了这一指控，将自己掩藏到一副和蔼的老实人的假面具后面。为了逃脱罪行，他选择了厚颜无耻。"这个下午原本是如此的令人愉快，"他晚上在小牢房里诉苦道，"我的关于奥地利事件的电话谈话被当众宣读，大家都和我一块儿取笑了这件事。然后就开始放映那部糟糕的影片，把一切都败坏了。"

那些让人不能忍受的镜头，不仅仅败坏了戈林的情绪。它们首先是摧毁了厚颜无耻的幻想，即认为用口头上的假象去掩盖，甚至是否认自己那无以复加的罪行是可能的。在58小时的发言时间里，戈林还将被同意给予在诉讼双方对证人的发问，作为充分发挥演说才能、魅力和厚颜无耻的机会。

但是言语却不能胜过那些图像，他自己大概也清楚这一点，于是便躲进了佯装无知的小天地，把自己扮成一个无辜的人。

这位从前的权势人物自称对集体大屠杀一无所知，尽管他介入了每一个歧视人性的暴力行动，尽管几乎所有的敌视犹太人的法律、条文和谋杀命令都由他签署，而且他还授权帝国安全总局头目莱因哈德·海德里希，为"全面解决犹太人问题"作准备。

当戈林被证明参与了奴役和屠杀1150万人的时候，他摘掉了耳机。他说他什么事情都回忆不起来了。他要使一位辩护人相信，"地位越高，对下面所发生的事情看到的就越少"。

其余的战犯有的和戈林一道坐在被告席上，有的在证人席上就民族大屠杀的问题在接受审问。戈林要求他们也对各自的罪行保持沉默。他仍然相信自己能支配别人。当党卫队埃里希·冯·登·巴赫·切列乌斯基将军公开谈到集体大屠杀这一名称时，戈林便狂怒得不能自制。一时间，他显然失去了理智，跳了起来，士兵们费了好大的劲儿才控制住他。

"老天啊，这个卑鄙无耻的该死的叛徒，猪猡！"他破口大骂道，"这

个下流的无赖！……他是整个该死的团体中最邪恶的凶手。这只令人作呕的、散发着恶臭的猪狗！出卖灵魂，只为保全他那卑鄙无耻的性命！"

在破口大骂时，戈林给人的印象有些异常，过于肥大的马裤以及不带勋章和等级标志的蓝灰色夹克衫像无风时的帆布在他身上直晃荡。

戈林以前体重为150千克。在监禁期间，他减去了80千克，并戒掉了吗啡瘾。在强制疗养之后，他看起来好像又恢复到了最好的身体状况，现在的戈林再也不像那个"幼稚的微笑着的软体动物"了。

在纽伦堡法庭上，戈林的目光再次证明了他冷酷的决断力。正是这种决断力为希特勒铺平了通往权力的道路，并毫不留情地肃清了政治敌人。

他表现得如此自信，几乎就像一个胜利者，尽管他知道等待他的是绞刑架。这次审判将是戈林最后一次出场，他已经下定了决心，为自己和国家社会主义竖立"纪念碑"——不是作为位于希特勒之后的"第二号人物"，而是正如美国报纸所写的那样，作为"第一号纳粹分子"。

在出庭作证时，戈林千方百计想炫耀自己，企图取悦听众。他口若悬河，滔滔不绝，甚至检察官杰克逊也感到难以对付。但是诡辩不可能掩盖铁的事实，戈林的罪状主要有以下4点：①策划阴谋；②破坏和平；③发动战争；④危害人类。对于国际军事法庭来说，戈林令人无法忍受的罪行是毫无疑问的。

判决中称：

> 没有可使罪行减轻的证据。因为戈林经常，几乎总是推动力量，而且他只站在他的元首后面。在一系列进攻战争中，他都是领导人物，既是政治上的，又是军事上的领导；他是奴役工人的领导人和针对国内外犹太人以及别的种族的压迫方案的制订者。
>
> 所有这些罪行他都公开承认了。他的罪行在令人难以置信方面是无与伦比的。在全部的审判材料里都找不到能宽恕这个人的地方。

心理学家吉尔伯特在宣读判决书之后注意到：戈林第一个走下来，面孔呆板，眼睛由于恐惧而凸出来，然后拖着长步，回到他的房间。当他一屁股坐在木板床上时说："死刑！"尽管他试图表现得漫不经心，但他的双手在颤抖，他的双眼湿润，呼吸沉重，好像他正在强忍一次精神上的虚脱。当天晚上，德国狱医路德维希·普夫吕吉尔大夫因为他心率过快前来为他看病。大夫说："判决使他太激动了。"

戈林曾对某翻译说："每个人都得死，但是作为烈士去死，就会永垂不朽。有朝一日，你们会把我们的尸骨放进大理石棺材里。"

辩护人有违他意愿地提交了赦免申请书。

戈林本人是不愿向胜利者们请求赦免的。尽管如此，他仍写下了3封信：一封给监狱牧师，一封给他的妻子埃米，一封给盟国对德管制委员会(存在于1945-1948年)。

他在给盟国对德管制委员会的信中强调道：

　　我原想让人立即枪毙我！而用绞刑处决德国的原帝国元帅是不可能的！为了德国我不能容忍这样，所以我选择了伟大的汉尼拔的死亡方式。

1946年10月15日晚22时45分，赫尔曼·戈林在纽伦堡监狱第五号牢房里咬破了一粒氰化钾胶囊，一个纳粹凶神终于得到了应有的下场。

暴徒血证

第二次世界大战主要枭雄

邓尼茨

　　第二次世界大战期间德国军事将领，曾任潜艇部队司令、海军总司令、武装部队统帅，德国海军元帅，希特勒死后接任德国国家元首。他创造的"狼群战术"，在第二次世界大战初期在大西洋曾给英、美等国的海上运输造成极大威胁。1945年5月，被英国当局逮捕；1946年10月，在纽伦堡国际军事法庭被判处有期徒刑10年。

参加德国海军
研究潜艇战术

1891年，卡尔·冯·邓尼茨出生在普鲁士的一个名门望族。他从小就对技术教育感兴趣，而在当时，只有海军才能提供这种教育机会，所以他一心一意想参加海军。他在19岁时加入德意志帝国海军，4年后第一次世界大战爆发时，他是轻型巡洋舰"布雷斯劳号"上的一名尉官。

战争初期时，"哥本号"和"布雷斯劳号"两艘德舰逃过英国地中海舰队的围捕，到达了君士坦丁堡，然后名义上出售给土耳其。

此后两年，虽然这两艘军舰在名义上是属于土耳其，但邓尼茨仍留在"布雷斯劳号"上服务，偶尔也参加在黑海中的突击行动。由于害怕苏联黑海舰队的追击，因此离开土耳其海的海域。尽管如此，这也使邓尼茨学到了一些特殊的海战经验：德国海军并非无敌于天下，英国海军无论是在战术上还是技巧上，都远比它占优势。这使得邓尼茨立志重振德国海军。

1916年，邓尼茨返回德国并转入潜艇部队。这是他一生事业的真正起点。尽管邓尼茨第一次接触潜艇，但经过初步训练，他被派到"U－39号"潜艇上任守望官。1918年，邓尼茨升任"U－68号"的艇长。这是一艘在地中海内活动的潜艇，以奥地利在亚德里亚海上的波拉港为基地。当时，施泰因鲍尔——第一次世界大战中德国最富冒险精神的潜艇指挥官之一——也在这里。

邓尼茨与他相识，并从他那学到了夜间水面攻击的理论，即利用黑暗的掩护，以求溜过敌方驱逐舰的警戒线发动攻击。

有一次，邓尼茨与施泰因鲍尔为了验证他们的理论，两人约定在同盟国

的一条护航线上会合，然后攻击驱逐舰保护下的商队。但不知什么原因令施泰因鲍尔未能到达指定的会合点，邓尼茨只好单独去试验这一新理论。

当时，恰好一支英国的护航船队到达附近海域。邓尼茨毫不困难地通过驱逐舰的屏障，悄悄地溜到了商船附近，并用鱼雷击沉了一艘商船。但很不幸的是，此后在潜航时，潜艇失去了控制。如果这样下去，潜艇会因潜入太深而被水压所摧毁。在这种情况，炸毁主压载水槽是唯一选择，邓尼茨也正是这样做的。

主压载水槽被炸毁后，"U-68号"遂在英国船队中浮出海面。邓尼茨只好下令弃船。他被一艘英国驱逐舰救起，然后被关在约克夏的战俘营中。

邓尼茨虽然不是一位海军历史学家，对于护航原则的光荣历史也未作过研究，但凭自身经验，他发现自从英国人在1917年采取护航的办法之后，德国的潜艇攻击战术就很难发挥作用了。传统的潜艇攻击在白天用潜航的潜艇来执行，这对船队中被护航的商船已经不能造成任何影响。于是，邓尼茨决心研究一种新战术，来打败英国皇家海军传统的护船原则。

直至16年后，邓尼茨才有机会试验有关潜艇战术的新理论。

1919年，即邓尼茨被关押了10个月后，他从英国战俘营返回德国，并再度进入德国共和国海军。由于受到《凡尔赛

邓尼茨

条约》的限制，那实际上是一支没有潜艇的海军。不过魏玛共和国政府还是秘密地在外国订购潜艇，这就使邓尼茨与潜艇的发展不至于完全脱节。

实际上，他在海军中的服务还是以在驱逐舰和巡洋舰上为主。1935年，他晋升为上校，负责指挥"艾姆登号"巡洋舰。

1933年，德国纳粹分子夺得了政权。之后不久，希特勒和海军总司令雷德尔会晤，为了赢得雷德尔及全体海军将士的拥护，表示在其未来的建军计划中，海军在公平的分配中一定占优先地位。希特勒的目的达到了，同时也显示，德国海军开始重整旗鼓，其前途日益光明。

在雄心勃勃的"Z计划"中，预定在1944年，德国将拥有一支强大而稳定的海军舰队，至1948年，其实力足以向英国海军挑战。

可以公正地说，雷德尔是非常正直的人。虽然他对德国的效忠是毫无疑问的，但对纳粹党却是另一种态度。雷德尔讨厌且不信任戈林，对纳粹党的其他领袖的态度也是既冷淡又谨慎。他本人不曾入党，并且严格命令一切海军人员都不得参加政治活动。

邓尼茨则恰好相反。虽然受到雷德尔的禁止，他不能正式加入纳粹党，但他对纳粹主义具有强烈的信仰，更狂热地拥护希特勒。最初，邓尼茨还太年轻，资历浅，缺少表现的机会。但自从战争爆发以后，随着地位日益提高，他开始培养与党内领袖之间的友谊。尽管知道戈林强烈反对建设海军，但由于戈林是希特勒亲信中权力最大的一位，所以邓尼茨千方百计与他建立"友谊"，甚至曲意奉承。

1943年年初，邓尼茨接替雷德尔出任海军总司令，他立即解除了海军人员不得参加政治活动的禁令。雷德尔曾戏称他是"希特勒青年——邓尼茨"。

创立潜艇兵种
实施"狼群"战术

毫无疑问，支配欧洲，建立欧洲新秩序，是希特勒奋斗的目标。他的基本计划是先解决欧洲大陆问题，然后再占领不列颠。基于这种思想，希特勒先开始和英国展开有关海军协定的谈判。在谈判所提出的建议中把德国海军的吨位数定为英国海军的35％，而潜艇则可达到45％。这个数字在某种环境下还可以增至100％。

他们认为英国是一个海洋国家，对于这种程度的海上优势应会感到满意，也就可能不再干涉德国在欧洲大陆上的冒险。1935年，《英德海军协定》在伦敦签字。

事实上，在《英德海军协定》签字以前，德国早已开始建造潜艇。

1934年9月，德国重新组建潜艇部队，邓尼茨被希特勒任命为海军总部中的"首席潜艇官"。接着，雷德尔对邓尼茨极为赏识，把有关潜艇的发展计划、战略战术、训练等所有事宜都交给他全权处理。

在这里，邓尼茨开始将筹划多年的潜艇"狼群战术"投入训练。可以说，这使他有机会发展他的理论，并通过演习把这些理论付诸试验。邓尼茨的潜艇思想以两项原则为基础。

第一项原则，潜艇的攻击目标就是商船。对他来说，这就包括了潜艇战的一切行动和其目的。击沉一艘敌方的军舰不过是一种额外的收获而已。对商船的攻击必须不惜一切代价，更不必考虑平民生命的损失。而根据《海牙公约》，在攻击商船时应先停船检查，而在击沉之前应对所有的乘员提供安全保障。

邓尼茨不仅不理会这种规定，而且还花了许多时间去寻找《公约》的漏洞，以便使潜艇可以合法地在无警告情况下击沉商船。他狡辩说一艘商船在战时发出求救的信号就意味着正在受到潜艇的攻击，这就构成海军的一种情报来源。根据这种理由，它也就不应受《海牙公约》的保护。

第二项原则，潜艇根本上只是一种能潜航的水面船只，应像一艘水面军舰一样投入战斗。这是一种超前的观念，完全改变了当时流行的看法，即认为潜艇在白天应潜伏在水中，当目标进入其射程以内时才在水下用鱼雷加以攻击。

邓尼茨认为夜间的水面攻击最为有利。因为潜艇的指挥塔体型很小，在夜间几乎看不见，而潜艇的水面航速又几乎超过商船。这两个因素加在一起，也就使潜艇可以到达最有利的火力发射位置。

在训练人员时，邓尼茨非常注意细节。他要求全体官兵对德国潜艇的设计充满信心，同时也要掌握在一切恶劣天气条件下的操作能力。他用德国舰队来扮演敌方的护航兵力，试验其潜艇的夜间攻击技术。结果德国潜艇很轻松地穿过一道驱逐舰的屏障，且到达距目标600米以内的位置而未被发现。毫无疑问，邓尼茨所采取的措施实完全正确。

其实，夜间水面攻击理论的进一步发展就是"狼群"战术——集结成群，以群打群。邓尼茨在敌方船队可能的航线上横向展开一队潜艇，假使有一艘潜艇发现了踪迹，就立即跟着它走，同时通知其他的潜艇集合在一起并驶往前方等候，这样就可以在夜间对其发动有效攻击。"狼群"战术无疑很有作用，同时也带来一系列问题。其中最大的问题，便是指挥权的归属，是由海上的潜艇指挥官，还是由岸上的司令部统一下令作战呢？

邓尼茨曾试验过这两种方法，最后发现在装备有精密通信网的岸上司令部中，他可以进行较好的控制。不过，邓尼茨又迅速认识到这种控制体系有一个明显的缺点：大量的讯号从海上潜艇中发出，将使敌方的方向寻觅系统易于发现己方潜艇的位置。他准备进行这种冒险，因为他认为从岸上进行有效的控制有较大的优势，同时他也相信英国还没有十分有效的高频率定向系

统。

　　"狼群"攻击的组织工作相当复杂，必须由邓尼茨在岸上的司令部作严密的控制。根据正常的情报部门的资料，邓尼茨很容易地了解到对方的护航船队何时离开加拿大前往英国，以及所包括的船只数量。

　　他把个别潜艇散布在一条与敌方的预计航线成直角的直线上，根据能见度的差异，彼此间隔25海里至30海里等待发现敌船。当其中一艘潜艇发现敌船之后，就立即用高频率的潜艇无线电波向邓尼茨报告，同时继续监视敌人的船队。它此时浮出海面但与敌船保持最大的能见距离，这样就不易被对方发觉。在监视的同时，这艘潜艇也就继续向邓尼茨报告敌方船队在航向或速度上的改变，以及天气情况和其他有关资料。

　　当潜艇司令部收到发现敌情的报告之后，就立即用同样的高频率电波通知参加"狼群"行动的其他潜艇，命令它们向那一艘潜艇靠拢，甚至连它们应该怎样走都由司令部决定。当它们即将接近敌方船队时，原先的那艘潜艇就会用中波无线电来和它们取得联系。

　　所有潜艇都奉有严格的命令，必须等待全部舰只到达后才开始攻击。它们驶往前方的某一位置，那是预计敌方船队在天黑之后能到达的地点，这样它们就可以在一整夜发动攻击。

　　攻击的方法是依赖它们几乎完全不被敌人发现的特性，通过护航舰只的屏障线，一直溜到商船的中间，直至射程大约600米时才发射鱼雷。在这样的距离内几乎百发百中。当天快要亮时，潜艇立即开始停止攻击，以最高速度在水面上沿着船队的同一航向向前行驶，依赖其高速度进入下一个有利位置等到夜幕再度垂下时再做第二次攻击。这样一夜复一夜，直至所有的潜艇把鱼雷都用完为止。

　　在整个作战过程中，邓尼茨都对部队保持着严密的控制，从他的司令部中发出一连串的无线电报，指挥每一艘潜艇在每一分钟的行动，只在夜间攻击时例外。在夜间，各位舰长要用自己的技巧和主动性去达到适当的射程并尽可能击沉大量的商船。但何时开始攻击和何时停止则都由司令部决定。对

于这种形式的攻击。英国人基本上毫无防御能力。在最初阶段，大西洋之战是完全靠肉眼来打的，决定胜负的问题就是要看谁先发现对方。潜艇显然占了优势。当时虽已有雷达，但受到巡逻飞机航程的限制，即最远只可以到达距机场200海里的地区，而护航舰只则还没有装雷达。

英国首相丘吉尔在战后的回忆录中仍心有余悸地写道："战争中，唯独使我真正害怕的是德国潜艇的威胁！"

邓尼茨曾凭着高度的技巧和坚定的决心来充分利用这种有利情况。部队执行命令时事无巨细都根据他的指示和决定来办。当然他也有失算的地方，譬如说有些鱼雷设计不佳，有向深水处潜入而从目标船底下通过的情况发生。邓尼茨不仅立即加以矫正，而且还把负责人送交军事法庭审判。

另一方面他也有特别好的运气，最重要的是英国海军的密码几乎全被德国海军情报机构译出，所以邓尼茨对敌情可以说是了如指掌，他指挥的潜艇也就能击中敌人而不被敌人击中。在1936年至1939年中，邓尼茨根据他的理

◊ 潜艇（模型）

论建立起德国潜艇兵种。除了经常演习以求将"狼群"战术发展到最高效率以外，他还集中精力为这一目标设计了一种性能最佳的潜艇。

对于这样的战争，理想的潜艇是舰体尽可能小，因为愈小则愈不易为敌人所发现；而从燃料储量来说，则希望它具有最大的续航力，因为任何与英国人的战争，德国潜艇都必须到达离基地很远的地方去作战。

德国的潜艇工程专家发现，只要把排水量500吨的标准潜艇再增加17吨以加装油槽，即可以使其航程由6200海里增加至8850海里。这就是以后大量生产的VⅡC型。为了适应航程较远的战斗，他们还设计了740吨的潜艇，其航程为13000余海里，这就是Ⅸ型，它与VⅡC型的生产比例为1：3。最后，为了真正的远程作战，例如在非洲的南部海域和印度洋的战斗，又设计了一种大型水底油轮，可以在海上为作战用的潜艇加油。这就是ⅩⅣ型潜艇，其水面排水量为1688吨。那些潜艇艇长们称ⅩⅣ型潜艇为"奶牛"。不过直至1940年年底和1941年年初，这种潜艇才开始按一定数量生产。

从1935年至1939年这短短的4年时间，邓尼茨对于德国潜艇兵种的发展，无论是在物质方面还是在精神方面，都是总负其责，他专心一意地投入潜艇部的建设，亲自选拔和训练人员，并把他自己的新战术思想灌输到他们的头脑中，使他们树立坚定的信心，从而涌现出一批凶狠狡诈的海上杀手。

虽然他并非是个和善可亲的人，但他尽可能与他的艇长们保持接触。每当一艘潜艇出海演习回来，他总是在码头上欢迎官兵，所以全体官兵都称他为"教父"，对他十分忠诚。

德国海军不像其他大多数国家的海军，不是在任职两年半左右就实行调职。这样一来，邓尼茨有充裕的时间来发展和改善其战术思想，同时也使他的部下有一种安全感，知道这种指挥体系不会有所改变，他们不必害怕到时又要去适应一位新领袖的思想。

邓尼茨对潜艇的建设专心致志，而且他对假想敌是谁也有坚定不移的看法。在1935年至1939年间的德国，也许只有他一个人如此坚信英国是未来战争中的主要敌人，他的一切训练和准备都指向这个唯一的目标。他甚至要求

一切演习都应到大西洋中去进行，而不应限于波罗的海或北海范围内。

当时的海军总司令雷德尔认为德国在1945年以前不会与英国交战，所以一直在按"Z计划"实施潜艇建设。邓尼茨对此却有完全的不同看法，不过他那时还是人微言轻，也就不敢随便表露自己的意见。

1939年4月26日，德国单方面废除《英德海军协定》。其实，德国占领捷克以后，英国就为波兰的安全提供了保证。两国的关系从此开始紧张，而这次废约行动更是火上浇油。这不仅暗示战祸可能一触即发，而且也使英国人认清德国海军正在以最快速度重整旗鼓。废约以后，邓尼茨认为德国决不能等到1948年去完成其舰队的建造计划。所以，他力主德国的造船工业应立即停止其他一切船只的建造，而集中全力来生产潜艇。

最终雷德尔决定把战舰和潜艇同列为第一优先。但时间已经来不及了，德国的工业在战争开始时未能交出邓尼茨所希望的那么多潜艇。

变身海洋"恶魔"
攻击盟国船队

1939年9月1日，纳粹德国入侵波兰，第二次世界大战爆发。

9月3日，英国对德国宣战，邓尼茨手中的潜艇总共不过57艘，其中只有46艘已完成战备，且只有22艘可以适应大西洋中的海战。

依照惯例，一支潜艇部队通常是三分之一在作战地区中巡逻，三分之一在来往的途中行进，三分之一在基地整顿和休息，所以邓尼茨在大西洋中能用的作战兵力不会超过7艘潜艇。这对于有效的"狼群"战术而言，显然是太少了。

直至1940年10月，邓尼茨才有足够的潜艇来使"狼群"理论发挥真正的效力。结果实在惊人，在那一个月内，德国潜艇一共击沉了63艘商船，总吨位数达到35万吨之多。

1939年9月3日，英国政府宣战的话音未落，德"U-30号"潜艇即大开杀戒，把英国客轮"雅典娜号"送入了海底。

德军最辉煌的战绩是，"U-47号"在10月13日夜间深入英国斯卡巴夫罗，击沉了英国航空母舰"皇家橡树号"。这次成功使邓尼茨晋升为海军上将，就任潜水艇队总司令，并使他能与希特勒直接接触。

在希特勒身边，邓尼茨向希特勒灌输了这样的思想：只有凭借潜艇作战才能击败英国。邓尼茨的"狼群"在大西洋肆意施虐，使盟军蒙受了巨大的损失。

1940年10月19日上午，普里恩指挥的"U-47号"潜艇正在英国北海峡口的柯卡尔沙洲附近巡游。突然，一支庞大舰队驶进了他的潜望镜，普里恩细

心数了数，共有运输商船34艘，外围有6艘驱逐舰护航。

他喜出望外，一边在后面紧紧尾追，一边向岸上的潜艇司令部发报。

10月17日、18日两个晚上，以"U-99号""U-100号"为首的艇群刚袭击了代号为"SC-7"的运输船队；19日，普里恩又在邻近海域咬住了"HX-79号"的尾巴。邓尼茨不明白，这些英国人为什么撞了墙还不知道回头。他接报后，立即命令周围海域的所有潜艇，迅速向"U-47号"靠拢，结群作战，争取最大战果！

"U-47号"周围已聚集了6艘潜艇，"U-100号""U-46号"和"U-48号"，刚从袭击"SC-7"的战场上下来，本应回港庆功，但一闻到血腥味也匆匆赶来，参加对"XH-79号"护航船队的猎杀。

潜艇散布于船队航线的两侧，犹如夹道欢迎一般。艇载鱼雷发射管的挡水管打开了，静静的鱼雷虎视眈眈。夜幕降下来时，攻击的时刻到了，数十艘英国舰船一无所知。"攻击开始！"潜艇全都浮上了水面，有夜色掩护，驱逐舰发现不了。这是一片开阔海域，正适于舰群作战，空中几点星光。1000米以外的船队像黑压压的城墙。

普里恩登上舰桥，深吸了一口海面上的清新空气，发出了屠杀命令。"U-47号"放出的两枚鱼雷如离弦之箭，率先向船队扑去。5000吨的首船"斯达朗克号"中雷，船队像炸了群的羊，恐慌地向四面散开。护航的军舰既要抢救落水者，又要搜索潜艇，顾头顾不了尾。乘着船队的混乱，各艇纷纷寻找目标，商船触雷爆炸声此起彼伏，海上大屠杀持续到天亮才告一段落，海面上火光熊熊。

狩猎的潜艇忽而潜入水下，躲避军舰；忽而浮上水面，发射鱼雷；忽而冲到船队的前部，忽而扑向尾部。胆大的干脆钻进舰队中间，抵近攻击。

海面上遍布船骸、尸体和船上装载的物资，空气中充满焦烟味，落水的未亡者在凄声呼救，劫后的场景惨不忍睹！

1940年夏季，德军占领法国，这使得德国潜艇进出大西洋的航程缩短了800海里，可以直接进出大西洋腹地，不必为溜过英军封锁的海域而浪费时间

和燃料。

　　同时，德国的潜艇数量迅速增加。邓尼茨将潜水舰队指挥部迁至法国，以法国沿海港口为潜艇基地，放出一批批"狼群"向英国船队展开全面攻击。"狼群"战术立显奇效。从1940年6月到11月，德国潜艇共击沉舰船272艘，共计139.5万吨。

　　1941年12月9日，邓尼茨向他的潜艇发出指示：自即日起，所有对英国商船攻击的限制取消！

　　随即，他发起了一场针对美国的"击鼓战役"，12月16日，第一批5艘潜艇悄悄驶离了比斯开湾的基地。

　　邓尼茨严格命令，为达到突然性，在驶往美国东海岸的途中，不许攻击任何目标。

　　"山姆大叔"太麻痹了。虽然报纸上天天画有邓尼茨和德国潜艇的狰狞漫画，还刊有英国船队遭受袭击的悲惨消息，但那是在欧洲水域，和美国大陆隔着一个大西洋。

潜艇发射鱼雷

　　美国人可能忘了：既然宣战，就是敌人；既是敌人，就有被其攻击的危险。他们更想不到，就在纽约港口外不远的水下，5只"野狼"正贪婪地盯着自己的猎物。"U-133号"的艇长哈尔德根少校怎么也不相信自己的眼睛：摩天大楼上的霓虹灯喷红吐绿，自由女神铜像也被灯火装饰得大放异彩，一艘艘商船前接后拥，进进出出，所有的航行灯都亮着。

　　哈尔德根后来写道：

　　　　天哪，这哪像战争，我怀疑他们是不是已向德国宣战，也许是在搞建国大庆！

　　　　既没有巡逻警戒，更谈不上护航编队。潜艇在这里作战，根本不需要什么战术，只要你会按那个鱼雷发射按钮！

　　　　当时，我真不忍心去打破那个灯火织成的辉煌的画面。

　　哈尔德根不会发慈悲，战争也不允许他慈悲！

　　5艘潜艇各自占领了发射位置，哈尔德根在下达攻击命令的同时，毫不犹豫地按下了发射按钮。哈尔德根带领他的5艘潜艇，从纽约港南下，昼潜夜浮，大打出手。威廉斯堡、查尔斯顿、佛罗里达，到处有被他们击沉的商船。有时候杀得兴起，干脆白天也浮上水面，用舰桥上那门小口径高炮，轰击岸上的炼油厂、油库等大型目标。

　　美国这块大陆自南北战争以来，已有80年与炮火硝烟绝缘，德国潜艇的袭击才使它的居民亲身感受到战争的存在。

　　1942年1月的"击鼓战役"期间，仅哈尔德根的艇群就击沉商船20万吨。当月，美、英盟国的海上损失急剧上升至55万吨。哈尔德根也成为邓尼茨手下新的"王牌艇长"。4月起饱受潜艇之苦的美国也开始编组护航船队。但是，邓尼茨的"狼群"继续南下，进入了加勒比海和南美海域。

　　广阔的大洋上有无数条航线，处于攻击一方的德国潜艇完全掌握了主动权，不断把目标从一个点转移到另一个点，美、英有限的护航兵力疲于奔

命，防不胜防。整个1942年，商船的月损失都保持在60万吨左右。1942年11月，英国的霍顿爵士接替诺贝尔，负责指导反潜艇战。在诺贝尔负责期间，由于缺乏护航舰只，所有的新舰都是立即投入战斗以至于人员都不曾接受适当的训练。等到霍顿接手时，由于造船工业的加速发展，专供反潜作战的舰只开始逐渐增多。于是他可以把它们组成护航群，加以适当的训练，以迎接大西洋中的新战斗。

霍顿也像邓尼茨一样，深知士气在战争中的极端重要性。所以他也像邓尼茨一样要求其司令部具有高度的指挥能力和奉献精神。这样才能使所有护航舰只的舰长和飞机机长对一切战斗都充满信心。

正像邓尼茨站在码头上欢迎潜艇返航一样，霍顿亲自乘坐小型护航船只和巡逻飞机在海上监督作战。

1942年2月，德国潜艇的损失开始剧增，这已经给了邓尼茨一次警告。损失的原因在于英国的水面和空中护航兵力都已装备1.5米的雷达。这种新的雷达装置比老式雷达射程更远，也更精确。当德国潜艇在夜间攻击商船时，它们也会受到全速赶来的敌方护航军舰的奇袭。

邓尼茨和他的技术专家很快就弄清了其原因，但直至8月间他们才找到对策，这是一种雷达射线接收器，能够迅速告诉潜艇它已被雷达盯住，于是潜艇常能迅速潜入水中来逃避攻击。

但是对邓尼茨来说，盟军设下的网已经在收紧之中。

1943年2月，盟军又在大西洋中首次使用0.1米的雷达。德国的雷达射线接收器不能接收这种新型雷达的信号，潜艇因此突然受到袭击。也许是受到这种失败心理的影响，邓尼茨此时又犯了一个最大的战术错误。他命令所有潜艇在通过比斯开湾时，一律浮出水面并用高射炮和盟机对攻。

这个倒霉的命令造成了重大损失。在2月间损失潜艇19艘，3月15艘，而5月更多达37艘，损失如此惨重，其原因不仅在于新雷达，还在于威力较强的英军深水炸弹。

遭遇反潜作战
兵败北大西洋

  1942年5月，希特勒要求邓尼茨出席讨论全面战争情况的定期元首会议，亲自报告潜艇战的进展。

  邓尼茨立即抓住这个机会，在雷德尔比较现实地作出评论之后，他就大谈其对于最后胜利的信心，这立即赢得了希特勒的赞许。所以当1943年1月雷德尔辞职时，邓尼茨就越过了其他资历较深的海军将领而接任海军总司令。

  雷德尔之所以辞职，是因为希特勒在戈林的唆使下下令把所有大型军舰都报废，舰炮改为岸上炮，人员则用来扩充潜艇部队或补充陆军。雷德尔遂愤而辞职。

  邓尼茨最初同意希特勒的命令，但几星期之后，他弄清了海战的全盘情况，又要求希特勒收回成命。

  就潜艇战的指挥而言，邓尼茨的确成就卓越，但他似乎不能胜任海军总司令的职务。他对于地中海战役的处理，尤其是在非洲的撤退和盟军进攻西西里岛时，就显得不太高明。

  他本人在当时确信问题的关键在于陆军的补给，他坚决主张使用所有德国和意大利的军舰，从巡洋舰到潜艇，来运送补给而不参加战斗。这一错误导致轴心国部队在突尼斯大批投降，盟军在西西里岛顺利登陆。

  为了控制并挫败"狼群"的攻击，英、美海军开始全力实施反潜作战。随着强大的护航舰队的建立，严密的空中、海上监视网的形成，特别是用于反潜作战的新型雷达和新型深水炸弹投入实战，盟军在大西洋上布下了围捕

"狼群"的天罗地网。

1943年5月以后，所有的德国潜艇都撤出北大西洋。

此时，邓尼茨似乎已经知道海上的战争是输定了，两年多以来，他一直都在用新型潜艇的神话来欺骗希特勒，甚至也可以说他在自欺欺人。

邓尼茨使出浑身解数，力图挽回败局。他下令建设使用通气管的新型潜艇，但新潜艇的建设由于受盟军战略轰炸的影响，直至1945年4月才正式服役出航。

此刻，邓尼茨已不能有所作为了。

当海战地点已经接近德国本土时，邓尼茨又赶造了大批小型潜艇以求扭转劣势，结果不仅损失惨重，而且也毫无成效。

当盟军迫近柏林时，所有的纳粹要人中，只有邓尼茨和戈培尔还真正效忠于希特勒。

1945年4月，戈林企图接管政权，希特勒大怒，立即下令拘捕他。海因里希·希姆莱也私自想和同盟国接触。所以希特勒在自杀前，留下遗言任命邓尼茨继任德国元首。

邓尼茨于5月1日就职，起先他还希望和西方同盟国达成单方面的停战，他以为西方国家将会利用他来对抗苏联并控制战后的德国。

这种梦想只维持了3个星期就破灭了。5月22日他被捕，和其余的德国领袖们一同在纽伦堡接受战犯审判，并被判处了10年徒刑。

在被捕前夕，根据邓尼茨的指示，德国陆海空三军放下了武器。但是，被击败的"狼群"比它们的主人更为顽固！——自行击沉了残剩下的220艘潜艇。

暴徒血证

第 二 次 世 界 大 战 主 要 枭 雄

曼施坦因

　　德国军事家、战略家。曼施坦因具有极高的战略天赋，擅长组织计划周密的进攻战，第一个提出建立突击炮兵兵种的设想，在当时就被同僚认为是德军中的"战略天才"。曼施坦因在战争中是助纣为虐的法西斯帮凶，对别国犯下了不可饶恕的战争罪行，但他过人的军事素质、出色的军事指挥艺术，也对世界军事历史产生了重大影响。

少年从军
逐步进入决策机构

1887年11月24日，埃里希·冯·曼施坦因出生在德国柏林的一个军人贵族家庭。

1900年，他进入少年军官学校学习6年，在此期间曾担任德皇侍卫。

1906年，他到第三近卫步兵团当了一名见习军官。

1913年，曼施坦因进入德国陆军大学学习，但一年后第一次世界大战爆发，他作为正式军人参加了战争，历任第二近卫预备团中尉副官、军团部参谋、骑兵师作战科科长等职。

第一次世界大战结束后，他继续留在陆军中任职。在1929年，曼施坦因到国防部参谋本部的作战部门工作。

1921年，曼施坦因与林茨的一位军人世家的女儿结了婚。相隔一年，他们的第一个孩子来到了世上，名叫吉罗。1940年，吉罗高中毕业之后，就在李格尼兹加入了德军第五十一军。1942年，吉罗战死在苏联战场。

曼施坦因在学校的时候，就精通了法文，后来又学会了西班牙文。当时10万德国国防军的天地还显得相当狭窄，有了外语这种工具，他就可以扩大与欧洲其他国家的军事交流。

因此在掌握了足够的工具之后，曼施坦因就尽量利用国家所给的少量补助，一再到国外去考察旅行。1931年和1932年，他曾访问苏联，与苏联的高级军事将领会晤，并参加在乌克兰和高加索举行的演习。

1933年希特勒掌权时，曼施坦因任德国步兵第四团的一个营长。当时，希特勒为达到其政治目的，只知道一味地扩军。曼施坦因等几个国防军将领

都曾对此表达过不满，他们向军官团反映，德国短时期内大量的扩军会影响军队的素质，同时也会导致西方列强的干涉。

1934年，曼施坦因出任柏林第三军区司令部的参谋长，这是个十分要害的位置，整个军区担负着德国首都柏林的安全，他的军衔也随之晋升为上校。

此时柏林第三军区司令是维茨莱本将军，他也是在第一次世界大战中出了名的人物，两个人相处得十分融洽。

1935年5月21日晚上，希特勒颁布了秘密的国防法，彻底改组了武装部队。魏玛时期的国防军被改称武装部队，元首和总理是武装部队的最高统帅。国防部长勃洛姆堡被任命为战争部长兼武装部队总司令，他是唯一得到过这种头衔的将军。三军各有自己的总司令和参谋总部。

从此之后，曼施坦因在军界升迁速度明显加快。

改组武装部队两个月之后，曼施坦因升任德国陆军参谋本部主管作战的第一厅厅长。

在这个位置上，他协助制订了德军武装进驻莱茵地区的计划。

1936年10月，曼施坦因晋升少将，出任德国陆军参谋总部第一军需部长。不久，他又升任德国陆军总部首席副参谋总长，开始直接

曼施坦因

接触德国军界的高级决策机构。

1938年2月间，在希特勒大肆扩张德国军备的时候，弗立契被免去陆军总司令的职务，曼施坦因也因与弗立契私交甚厚而被解除了在陆军参谋总部中的职务，改任驻李格尼兹的德国陆军第十八师师长。曼施坦因举家从柏林搬到了李格尼兹，并一直居住在那里。同年，他又以勒布军团参谋长的身份参加了德军对捷克苏台德区的占领。

⬇ 德军坦克

入侵苏联
突破苏军多道防线

1938年3月7日，希特勒突然宣布召见曼施坦因。

1939年8月，德国实行了战争动员，希特勒准备进攻波兰，成立了南方集团军。

在"白色作战"命令中，曼施坦因被内定为南方集团军总部的参谋长。1939年8月31日，德国入侵波兰的战争终于打响了。

1939年10月21日，曼施坦因奉命到设在左森的陆军总部去接受新的作战命令。

南方集团军司令部于1939年10月24日抵达了西线的科布伦兹，并接管了为了西线作战而新建立起来的德军A集团军。

11月，曼施坦因制订了西线作战的作战计划，这就是所谓"曼施坦因计划"的雏形：

> 计划的核心主要就是利用强有力的德军坦克部队，经过比利时南部的卢森堡，直抵色当，突破该区内的马其诺防线，而将整个法国战线一分为二。

1940年2月7日，曼施坦因被调离南方集团军和A集团军参谋长的位置，任第三十八军军长。

2月9日，曼施坦因交割了集团军中的事务，黯然神伤地离开了科布伦兹集团军司令部，回到了李格尼兹家中。

　　在家中修养了一个时期之后，曼施坦因2月17日奉命前往柏林，以新任军长的身份向希特勒报到，希特勒设宴款待各位新军长。

　　宴会结束，众人告退之时，希特勒请曼施坦因留下，随他到元首的书房。在那里，希特勒请曼施坦因把他对于西线的作战计划的个人见解说给自己听。于是曼施坦因就原原本本地把他的计划讲了一遍。希特勒对于曼施坦因的陈述，理解非常快并完全同意他的见解。

　　2月22日，希特勒通过陆军总部下达了与"曼施坦因计划"大致相同的作战命令。

　　5月10日，德国空军突然对荷兰、比利时、卢森堡和法国北部的72个机场实施了猛烈的轰炸，德军地面部队展开了全面的进攻。

　　当德军按照以"曼施坦因计划"为蓝本的新西线作战计划而紧张忙碌时，曼施坦因本人却在忙里偷闲，坐看第三十八军军部的参谋们忙着把所属

飞机轰炸

各师集中起来，有时也前去视察正式在波米拉尼亚和波兹南编组中的新陆军师。

5月16日，在B集团军辖下百无聊赖的曼施坦因又接到了新命令，他的第三十八军又改由A集团军指挥。

次日，曼施坦因在包斯托根向他的老长官伦德斯特上将报到。在那里，他受到了接替他出任A集团军参谋长职务的索顿斯吞将军以及旧日同僚的热烈欢迎。他们热情地向他介绍了通过安德内斯山地和渡过缪斯河的作战情况，按照他计划的基本点，新计划的每一步都在顺利进行之中了。

6月5日，曼施坦因接到了晋升他为德军步兵将军的通知。

7月19日，曼施坦因以及所有的高级将领都被召往柏林，去参加德国国会的开会典礼。希特勒在典礼上正式宣布西线战役已经结束，同时为了表示国家对军人的感谢，给了一部分高级军官以极高的荣誉。

7月25日，曼施坦因获得骑士十字勋章。

1941年2月底，曼施坦因在法国西北沿海的小镇李托奎特交卸了第三十八军军长的职务，改任德军第五十六装甲军军长的新职。这次对曼施坦因来说，可是遂了心愿。早在西线战役开始之前，他就一直想指挥一个装甲军，把自己酝酿多时的新战术加以实践。

5月间，曼施坦因接到了对苏联战争的作战命令，这个命令没有细节，只是指示他的第五十六装甲军从属于一个装甲兵团而已。作为一个普通军长，事先是无权过问对苏战争计划细节的。

"巴巴罗萨计划"规定，执行入侵苏联的德军部队将编成北方集团军、中央集团军和南方集团军等3个集团军，从3个方向同时对苏军实施突击。曼施坦因的第五十六装甲军隶属于第四装甲兵团，而第四装甲兵团又隶属于北方集团军。北方集团军总司令是勒布元帅，主要是从东普鲁士进攻，歼灭在波罗的海地区中的苏军，然后再向列宁格勒前进。

第四装甲兵团司令是克鲁格上将。第四装甲兵团的任务是挺进芬斯克对岸和维拉河上，占领渡河地点，随即向阿波卡方向前进。第四装甲兵团的右

翼为第十六军团，司令为布歇上将；左翼为第十八军团，司令为屈希勒尔上将。

6月16日，曼施坦因到达了第五十六装甲军的集结地区。

6月21日13时，曼施坦因在军部接到命令：6月22日凌晨3时做好攻击前的各项准备，4时开始攻击。

1941年6月22日，这一天恰好是星期天，凌晨4时，德军向苏联发起了进攻，对苏战争正式拉开了序幕。德国飞机对苏联西部的重要城市、交通枢纽、桥梁渡口和军事基地进行了猛烈的轰炸。

接着，在猛烈的炮火准备之后，德军以数十个坦克师和摩托化师为先导，在巴伦支海到黑海3000千米的正面发动了进攻。苏联西方军区在22日的整个上午失去了指挥，被迫节节撤退。

德军北方集团军第四装甲兵团的先期任务，就是完整地夺得维拉河上的桥梁，为进一步攻击列宁格勒打下基础。这条大河是一个可怕的障碍物，而完整地夺取河上的桥梁，直接关系到德军装甲部队的行进速度，成为体现和发挥闪击战特长的关键所在。因此第四装甲兵团的前进，实际上是一场赛跑，看哪一个军最先夺到维拉河上的渡口。

8月15日，曼施坦因第五十六装甲军在鲁加的任务改由德军第五十军接管，在北进到达了沙门罗湖之后，第五十六装甲军刚刚宿营，就接到第四装甲兵团司令部的电话，命令他们停止前进，待天明之后折返；随后告诉他们，现在第五十六装甲军已经调归德军第十六军团指挥。

8月18日夜间，经过成功的伪装，曼施坦因手下的两个机械化师在苏军西侧面秘密集结完毕，于次日凌晨对正准备进攻德军第十军的苏军侧翼突然发动了攻击，苏军受到这支突然出现的生力军的打击，连忙撤兵，德军第十军乘势转守为攻。

至8月22日，第五十六装甲军的两个师已经俘获了12000名苏军，坦克141辆、火炮246门，以及许多自动兵器和摩托化车辆。

9月初，原属于德军中央集团军的第五十七装甲军被调到北方集团军，加

入布歇的第十六军团序列。但过了不到10天，最高统帅部又决定把曼施坦因的第五十六装甲军调到中央集团军，归第九军团指挥。

9月12日，曼施坦因被任命为第十一军团司令。

13日，曼施坦因到第十六军团司令部，正式向兵团司令布歇上将告别，随后只带了副官斯皮赫特和驾驶兵纳格尔，前去苏联黑海沿岸接任德军南方集团军第十一军司令之职。

9月17日，曼施坦因到达了尼柯拉夫的第十一军团司令部，接管其指挥权。该司令部恰好设在布洛河口上的原苏联海军基地中。

曼施坦因对自己的这一新职务感到奇怪，第十一军团名义上是军团，实际只是被扩大了的军而已，而且除了德军第十一军团之外，还要兼管罗马尼亚第三军团。由于复杂的政治原因，这个地区的指挥体系很复杂。名义上的指挥权是由罗马尼亚国家元首安东尼斯库元帅负责，由他在形式上指挥罗马尼亚第三、第四两个军团和德国的第十一军团。

第十一军团除了要继续追击向东撤退的苏军之外，还必须攻占克里米亚，而且统帅部命令第十一军团，要把攻占克里米亚的任务放在优先的位置上考虑。

攻占了克里米亚，将对把土耳其拉到德国一方大有好处。另一个更迫切的理由是，苏军设在克里米亚的空军基地对于罗马尼亚油田构成了巨大的威胁。罗马尼亚油田对德国的战时经济有着极其重要的作用，是德国装甲兵血液的来源之一，元首希特勒对此特别重视。

攻陷克里米亚之后，第十一军团的山地部队将越过刻赤海峡进军高加索，加强德军进攻罗斯托夫的兵力。

11月16日，德军猛烈的追击结束，除了塞瓦斯托波尔要塞地区以外，全部克里米亚都已经落入了德军手中。

1942年2月1日，集团军通过电话，又告诉曼施坦因一个好消息：

他已经被晋升为上将军衔，离元帅只有一步之遥了。

在刻赤半岛作战之后，乘着德军部队士气正高，曼施坦因把第十一军团立即进行重新编组，以便执行克里米亚战场的最后一役——塞瓦斯托波尔的攻击。

曼施坦因决定把对塞瓦斯托波尔要塞作战计划的代号定名为"鳄鱼"。

在制订对要塞的作战计划的时候，第十一军团的参谋们给堡垒中的炮台起了一些很好记的名字，如"高尔基1号"炮台，是一座装备着35厘米口径火炮的据点，有钢甲保护，与其他据点之间有地道相连。另外还有"斯大林""伏尔加""西伯利亚""莫洛托夫"等。

曼施坦因统帅着德军第十一军团，付出了惨重的代价之后，终于攻克了克里米亚。希特勒在高兴之余，晋升曼施坦因陆军元帅军衔。

8月27日，曼施坦因率领德军第十一军团的司令部到达了列宁格勒前线，第十一军团被指定为第二个波次的进攻部队，部署在德军第十八军团地区内。

9月4日，正在焦急地等待前线消息的曼施坦因，突然接到了希特勒从芬尼特沙元首大本营亲自打来的电话，委派曼施坦因负起列宁格勒前线的全面指挥之责。

11月20日，曼施坦因又接到了元首的新指示，奉命成立了一个新的"顿河集团军"，由他出任总司令，负责协调对斯大林格勒两侧地区德军的指挥，集团军司令部初步设在费特布斯克。

11月21日，曼施坦因被任命指挥德军第四装甲军团、第六军团和罗马尼亚第三军团。

1943年2月19日，曼施坦因命令南方集团军所属的第四装甲军团，对当面的苏军发起了短暂的预防性攻击。攻势于3月2日结束，苏军的西南方面军所属各军团都受到了重创。

据德军参谋人员报告，苏军在顿聂兹、第聂伯河战场一共死亡23000人，德军缴获坦克615辆、野战炮354门、高射炮69门，以及大量的机关枪和迫击炮。

2月28日，德军南方集团军在曼施坦因的指挥下，又发动了对苏联的名城卡尔可夫的战斗。参战的有德军第四装甲军团、肯夫兵团和党卫军的一个装甲军。

曼施坦因督促德军士兵冒着河中浮冰的碰撞，迂回包围了该城。这次党卫军的装甲军冲劲十足，发挥了较大的作用，他们要把卡尔可夫城当做献给元首希特勒的礼物。

3月14日，党卫军的装甲军在付出了巨大代价之后，终于攻入了卡尔可夫城。另外，德军肯夫兵团的北翼"大德意志师"也就势攻占了贝尔果罗德。

第二阶段的反击结束，总算没有让希特勒完全失望。元首因此而授予曼施坦因橡树叶骑士十字勋章。

7月5日，德军终于发动了攻击。中央集团军的第九军团在两天的时间内，突破苏军阵地达9000米，直至7月9日，被苏军阵地中的一个高地所阻。苏军于7月11日在中央集团军第二装甲军团防御阵地的侧翼实施了反突击，中央集团军总部不得不把第九军团的机动兵力调回去防守。

南方集团军发展比较顺利。至7月11日，击溃了苏军的近10个坦克或者机械化军；至7月13日，南方集团军俘虏苏军24000人，缴获、击毁苏军装甲车辆1800辆、野战炮267门、战防炮1080门。

兵败被俘

成为英军阶下囚

　　1943年7月13日，当卫城战斗达到最高潮，胜利在望之际，德军南方集团军的曼施坦因元帅和中央集团军的克鲁格元帅被希特勒召去元首大本营汇报。

　　希特勒根据地中海和中央集团军的情况，决定停止卫城作战。

　　从1943年下半年开始，希特勒开始更加事无巨细地干预南方集团军的指挥，曼施坦因终于按捺不住，于7月下旬，愤而向陆军总部提出了书面抗议。

　　在1943年夏季，东线战场的德军与苏军展开了拉锯战。

❤ 燃烧的坦克（油画）

　　7月30日，曼施坦因指挥德军4个装甲师、1个装甲步兵师和2个步兵师的兵力，暂时攻占了米斯河上的苏军桥头堡，小有收获。俘虏苏军18000人，缴获100辆坦克、200门野战炮和400门战防炮。

　　德军的这一行动，马上招致了苏联红军的强大反击。

　　8月3日，苏军向德军南方集团军第四装甲军和肯夫兵团的防御地区发动了大规模的反击，南方集团军所属各师遭受到惊人的损失，有两个团已经完全崩溃，其余受到了重创。

　　德军装甲部队的很多坦克在苏军的快速推进下，来不及从修理厂中撤走，结果被苏军俘获。

　　1945年，曼施坦因在林茨被英国人俘虏，并囚禁在英国的布里金德。

　　1949年，盟国军事法庭在德国的汉堡公审了他，他被英国军事法庭判处18年徒刑，监禁在韦尔监狱。

　　从1947年起，西方占领当局将自己收押的许多前战犯、将军陆续释放。1953年曼施坦因因健康原因被释放。

暴徒血证

第 二 次 世 界 大 战 主 要 枭 雄

戈培尔

　　纳粹德国时期的国民教育与宣传部部长，擅讲演，被称为"宣传的天才"，以铁腕捍卫希特勒政权和维持第三帝国的体制。1933年，希特勒及纳粹党执政后，他做的第一件事即是将纳粹党所列禁书焚毁，然后大力推行法西斯极权。戈培尔直至最后一刻始终陪伴在希特勒身边，希特勒在兵败自杀后，戈培尔也让党卫队员杀死了自己及妻子和6个孩子。

暴徒血证

控制宣传工具
推行文化专制

1897年10月29日，保罗·约瑟夫·戈培尔出生于德国莱茵地区雷特城的一个信奉天主教的职员家庭。戈培尔小时候曾患小儿麻痹症，致使左腿萎缩。也正因为这个原因，当第一次世界大战爆发时，戈培尔准备参军服役，却遭到拒绝。这让戈培尔痛苦终生。

从天主教中学毕业时，戈培尔代表全班作毕业演讲，获得好评。从1917年夏至1921年春，戈培尔主要依靠天主教艾尔伯特·马格努斯协会的资助，先后在波恩大学、弗赖堡大学、乌兹堡大学、慕尼黑大学和海德堡大学攻读历史和文学。

1921年4月，在海德堡大学犹太文学史家弗里德里希·贡尔夫教授的指导下，戈培尔获得哲学博士学位。戈培尔致力于创作小说、剧本和诗歌，著有小说《迈克尔》、剧本《流浪者》和《孤客》，但当时根本没有出版商愿意出版。直至1926年，戈培尔的小说《迈克尔》才得到出版。

希特勒的演讲非常能蛊惑人心，当时很多德国青年因此而加入纳粹党。1922年，戈培尔也因受希特勒演讲的感染而加入纳粹党，谋求通过政治活动而出人头地。戈培尔大肆散布关于德意志民族和种族优秀的陈词滥调，认为同盟国、马克思主义者和犹太人为了赢得第一次世界大战的军事胜利而欺骗了德国人。

1924年6月，戈培尔在日记中表示要"思维简单一点，爱情高尚一点，期待真诚一点，信念炽热一点，说话谦虚一点"。

同年10月，戈培尔在日记中发誓：我们必须寻找上帝，我们正是为此而

活在世上。

由于戈培尔的才智，擅长演讲鼓动，在纳粹党内很快出人头地。

1925年，戈培尔出任纳粹党鲁尔区党部书记，成为纳粹党北德派领袖格里戈尔·施特拉塞的主要合作者。戈培尔创办并编辑《纳粹通讯》等属于施特拉塞兄弟的出版物。

为了笼络人心，戈培尔和施特拉塞兄弟经常发表迎合劳动群众情绪的言辞，提出纳粹党与共产党、社会民主党共同开展征用贵族财产运动，主张将大工业和大庄园收归国有。

这与希特勒的主张相矛盾，希特勒对此非常生气。但戈培尔当时效力于施特拉塞，因此大力攻击希特勒。在1925年11月的纳粹党汉诺威会议上，戈培尔甚至鼓噪"我要求把这个小资产阶级分子阿道夫·希特勒开除出纳粹党"。

希特勒与施特拉塞分裂之后，戈培尔被人推荐给希特勒。希特勒欣赏这位擅长宣传鼓动的演说家，以亲笔签名的《我的奋斗》相赠，邀请戈培尔到慕尼黑发表演说。

戈培尔对此有点不知所措了，他在日记中写道："我进入大厅，欢声震耳……我讲了两个小

戈培尔

时……最后希特勒拥抱了我。"

1926年2月，戈培尔在纳粹党班贝格会议上完全倒向希特勒一边。

8月，戈培尔通过《人民观察家报》发表声明，与施特拉塞彻底决裂。

11月，戈培尔被任命为纳粹党柏林—勃兰登堡区党部书记，负责清党和机构整编，很快就使该区的纳粹党成为强有力的组织。

1927年，戈培尔创办《进攻报》并兼任主编，加强纳粹宣传工作。

戈培尔设计广告画，出版宣传品，组织游行，举行慕尼黑啤酒店暴动纪念集会和柏林体育馆大型演讲会；制造元首"一贯正确"的神话，把希特勒描绘成"主宰者"，诱导人们盲目服从；将被人杀死的冲锋队头目霍斯特·威塞尔生前所作的进行曲《威塞尔倒下了》作为纳粹党歌，鼓吹为纳粹事业献身。

1929年，希特勒任命戈培尔为纳粹党宣传部部长。

戈培尔工作出色，能力非凡，给希特勒留下深刻的印象，以致希特勒在1942年回顾起来仍颇有感慨：

> 戈培尔博士带有言辞和才智两件礼物，没有这些礼物，柏林的局势就无法控制……对戈培尔博士来说，他以言辞的真实感情赢得了柏林。

1928年，戈培尔成为魏玛共和国国会议员。当时，他曾经这样宣称：

> 我们进入国会，以便我们能从其武库中取出民主武器来武装自己。我们应该成为国会议员，以便魏玛观念形态自己帮助我们摧毁它。

这对纳粹党的夺权策略有着重大的影响。

在1930年9月的国会选举中，纳粹党获得640万张选票，得到107个席

位，成为仅次于社会民主党的国会第二大党。

1931年总统竞选活动中，戈培尔力促希特勒参加竞选，并且倾尽全力为其效劳。戈培尔与希特勒周游全国，频繁发表竞选演说，煽动党徒的狂热情绪。

此外，戈培尔调集全部人马，开动宣传机器，利用募集的经费，发动前所未有的宣传运动。纳粹党成员在全国各地张贴100万张彩色宣传画，散发800万本小册子和1200万份党报特刊，有时一天之内就有3000个动员大会，首次将电影和唱片用于总统竞选活动。

尽管希特勒经过两次投票均未能当选，但这番宣传却也收获不小，第二次获得的选票比第一次获得的选票翻了一番。

1933年1月，希特勒被兴登堡总统任命为政府总理，奉命组阁。戈培尔欣喜若狂，迅速与希特勒"定下同赤色恐怖进行斗争的方针"。第三帝国很

希特勒被任命为总理后，成立了纳粹组成的内阁

快就查封德国共产党的60种报纸和德国社会民主党的71种报纸，强行封闭德国共产党中央委员会大楼。

2月27日，戈培尔伙同戈林策划制造"国会纵火案"，以此为借口迫害、镇压德国共产党。

3月，戈培尔被希特勒任命为纳粹德国国民教育与宣传部部长，负责宣传纳粹内外政策，推行文化专制主义。戈培尔对此不遗余力。

国民教育与宣传部主要设有下述职能部门：行政管理局——负责管理全部行政事务；宣传局——负责组织反对共产主义、犹太人、教会或支持种族纯正的宣传运动，组织各种规模的集会；广播局——负责从政策高度指导并监督德国广播公司的工作；新闻局——负责每日新闻发布和出版；对外局——负责对国外的宣传工作以影响国外的公众舆论；电影局——负责指导和审查影片的制作与放映。

德国文化协会也隶属该部领导，下辖美术、音乐、戏剧、文学、新闻、广播和电影等6个协会。从事上述职业的人必须加入相关的协会，对纳粹主义不热心的人或"政治上不可靠的人"将遭到开除并剥夺从事文化活动的权利。

纳粹党对宣传的重视和纳粹宣传的成功，使戈培尔赢得了纳粹党高层领导人的信任和尊敬，原来称其为"资产阶级知识分子"的人也改称其为"我们的博士"。

戈培尔认为，宣传的唯一目的，就是"征服民众"；"我们的宣传对象是普通老百姓，故而宣传的论点必须粗犷、清晰和有力；真理是无关紧要的，完全服从于策略的心理"；"我们信仰什么，这无关紧要；重要的是只要我们有信仰"；"政治不再是可能的艺术，我们相信奇迹，相信不可能和可望而不可即。在我们看来政治正是不可能的奇迹"；宣传的基本原则就是不断重复有效论点，谎言要一再传播并装扮得令人相信。

为了使民众的思想与纳粹的观点一致，1935年5月10日的夜晚，戈培尔在柏林发起随后遍及全国的焚书运动，那些被视为"对我们的前途起着破坏

作用"的书籍，如马克思、恩格斯、卢森堡、李卜克内西、梅林、海涅和爱因斯坦等名人的著作，都被付之一炬。

戈培尔向参加焚书的学生们说："德国人民的灵魂可以再度表现出来。这火光不仅结束了旧时代，而且照亮了新时代。"戈培尔因此获得"焚书者"的万恶之名。

为了消灭与纳粹党对立的宣传媒介，戈培尔对报刊、广播和电影以及新闻工作人员实施严格控制。《法兰克福日报》的犹太老板被赶出报社，颇有影响的《伏斯日报》被勒令停刊。

在纳粹统治的前4年，德国报纸由3607种减为2671种；戈培尔或其部属每天就新闻编发问题作出口头训令或书面指示。戈培尔也将德国广播公司和电影公司驯服，使其成为纳粹的舆论宣传工具。

运用媒体喉舌
充当纳粹帮凶

在万湖会议上，希特勒最后决定在整个西欧开始屠杀犹太人。最初，戈培尔似乎想将屠杀行动同镇压天主教会一样，推迟到所谓"最后胜利"之日，但既然希特勒决心已定，他也就决心紧跟了。

1935年，戈培尔主持德国的反犹太人活动。6月，他宣称"我们再也不想要犹太人了"，将犹太人逐出国防军和劳役部门。9月，颁布纽伦堡法律，剥夺犹太人的德国公民权，禁止犹太人和雅利安人通婚，犹太人和非犹太人之间的任何交往均属犯罪行动。

此外，戈培尔还气势汹汹地扬言："只有将所有犹太人消灭干净，才能解决犹太人问题。只要还有一个犹太人活着，这个犹太人就始终会与国家社会主义德国为敌。因此，不能对犹太人讲任何宽容和人道。"

1936年1月17日，戈培尔面对18000名纳粹分子发表了激烈演说，他宣布德国必须拥有殖民地。他说："德国确实是一个贫困的国家，我们没有殖民也没有原材料。"在谈到德军供应不足的问题时，他说："没有黄油我们还能活，可没有大炮我们就活不下去了。"

1937年5月28日，戈培尔发表演说，猛烈抨击天主教会神职人员的腐化堕落。

1938年，戈培尔再次组织反犹太人运动。10月，情报与安全局局长海德里希奉命逮捕17000名波兰犹太人，用闷罐车驱逐出境。11月，为纪念啤酒店暴动而制造"水晶之夜"（亦称"砸玻璃之夜"），将犹太人经常集会的会场、住宅和店铺的玻璃全部砸碎而诡称为德国人民"自发的示威"，身穿

褐色制服的纳粹党冲锋队员还高唱："今天，德国是我们的；明天，整个世界都是我们的！"

在纳粹德国发动波兰战争之前，戈培尔操纵宣传机器煽动战争狂热。《柏林日报》先使用大字标题警告"当心波兰"，后又谎称"波兰军队推进到德国国境边缘"。

《领袖日报》则用危言耸听的标题："华沙扬言将轰炸但泽——极端疯狂的波兰人发动令人难以置信的挑衅！"

《十二点钟报》报道波兰人攻击3架德国客机。《人民观察家报》编发特大通栏标题"波兰全境处于战争狂热中！上西里西亚陷入混乱！"

1939年9月1日的早报则竞相报道所谓"波兰志愿人员和上西里西亚叛乱分子"袭击靠近边界的德国格莱维茨广播电台的消息。实际上，袭击行动是纳粹党卫队保安处的特工人员炮制的。

纳粹德国发动侵略战争后，最高统帅部在作战部设有国防军宣传处，负

德军逮捕当地居民（模拟场景）

责军事新闻检查和编发国防军公报。在整个战争时期，戈培尔都力图把国防军宣传处变为国民教育与宣传部的职能部门，以便使政治宣传和军事宣传协调起来，但是未能成功。

戈培尔与里宾特洛甫争夺对外宣传权的斗争也以妥协告终。尽管如此，戈培尔仍竭力利用手中的宣传工具，为配合法西斯战争而鼓噪呐喊，并颇具成效。

戈培尔认为广播是战争时期最重要的宣传工具，演说比写作更能吸引人心。由"哈哈勋爵"主持的对英广播节目，在宣传纳粹战争政策，影响英国公众心理方面是相当成功的。

1940年6月，在德军侵苏战争之前，戈培尔试图让人们相信3个星期或5个星期之内德军将入侵英国，告诫人们"不要试图猜测——你们不会猜着，继续你们的工作。可以肯定，届时你们将听到你们必须知道的消息"。

1943年2月2日，德军在"命运之城"斯大林格勒战役中惨败后，戈培尔下令全国娱乐场所关闭3天，在第一天和第三天停止交通一分钟。

2月18日，在柏林体育馆里，聚集了15000名精选的听众，戈培尔发表著名的煽动性演说《论总体战》。演说历时两个多小时，据称是纳粹领导人在战争时期所作的最长的演说。

演说直言不讳地以"经过国家社会主义教育和训练的德国人民能够承受全部真相"开头。

第一部分不讲德军的败绩而强调"犹太人—布尔什维克"的危险，指明德国胜利的必然性，旨在告诫德国听众和其他欧洲国家的听众。

第二部分则旨在说服德国公众相信胜利必须通过总体战来赢得，共有10个结论性问题，其中最重要的是第四个问题："你们想要总体战吗？你们想让战争比我们所想象的更具总体性和彻底性吗？"

演说最后以西奥多·科纳的诗句"国家屹立而风暴消失"作为结尾，获得雷鸣般的掌声。

演说之后，戈培尔下令关闭柏林的豪华饭店和娱乐场所，装模作样地带

头不用宽敞阔气的客厅、不上高级茶点，并通过纪录片大肆宣传。

戈培尔还经常为希特勒朗诵《腓特烈大帝史》，共同期待第三帝国"时来运转"。

1944年6月，戈培尔出任德国总体战动员委员会全权总监。

7月20日，德国发生谋杀希特勒事件。戈培尔积极组织镇压并及时通过广播电台发布挫败谋杀的公告，使奄奄一息的纳粹政权又缓过劲来。

8月24日，为了挽救第三帝国，戈培尔下达总动员令。

1945年1月，戈培尔出任柏林城防司令，鼓吹焦土政策和毒气战，下令枪毙被俘盟军飞行员，主张固守柏林。

4月，戈培尔夫妇迁居总理府地下室。这时，希特勒已决定自杀，并立下遗嘱任命邓尼茨为总统、戈培尔为总理。

戈培尔或许已意识到纳粹政权的崩溃，写下《元首政治遗嘱的附录》，声称"要在元首身边结束我的生命"，"在今后的艰苦岁月里，树立榜样比活着更为重要"。

5月1日，戈培尔夫妇先让党卫队员毒死他们的6个孩子，然后让党卫队员从背后开枪——结束了他们的生命。

暴徒血证

第二次世界大战主要枭雄

海德里希

　　德国纳粹党党卫队的重要成员之一，地位仅次于希姆莱；由于手段残忍，深得希特勒的赏识，被希特勒称为"铁石心肠的男人"。1942年1月20日，海德里希负责召开万湖会议，拟定屠杀犹太人的详细执行计划。1942年5月27日，海德里希在布拉格郊外遇刺，不治身亡。

加入纳粹党
成为党卫军头子

莱因哈德·海德里希生于1904年3月7日的萨克森省（现时的萨克森—安哈尔特州）的哈勒。他的父亲布鲁诺是失意的歌剧院歌手兼作曲家，母亲是德累斯顿音乐院院长的女儿。他有音乐天赋，学过小提琴和大提琴。

1931年，年轻的军官海德里希被军方驱出部队。因为他答应娶一位很有影响的海军中尉衔土木工程监督官的女儿为妻，但当他在基尔舞会上结识乡村小学教师的女儿丽娜·奥斯滕并于两天后和她订婚之后，他就不想再提前次的承诺了。

海德里希将他登在地方报上的订婚启事寄给了那位被弃的女子，这位年轻女性精神崩溃了。这是十足的羞辱。

被弃未婚妻的父亲向海军领导部门投诉，进入名誉审理诉讼，莱因哈德·海德里希毫不知罪，且自鸣得意，以至于名誉参事认为他品行不端，没有资格继续待在海军里。海德里希被不光彩地开除了。

回到哈勒后，海德里希成了数百万找不到工作的失业者之一。海德里希的母亲最后求助于家庭的一位老朋友，慕尼黑冲锋队首领卡尔·弗赖海尔·冯·艾伯斯坦因，请他帮她的儿子找份工作。

艾伯斯坦因和海因里希·希姆莱有往来，希姆莱当时正想创办一个党卫军情报处，为自己和纳粹领导层收集党的朋友和敌人的信息。海德里希是受过培训的情报官，似乎可以考虑。

艾伯斯坦因安排海德里希去了一趟慕尼黑附近瓦尔德特卢德林的希姆莱的养鸡场。他高大的北欧人身材，他的举止和他迅速草拟的组建一个党卫军

情报处的计划给希姆莱留下很深的
印象，希姆莱当场就录用了他。

海德里希就任新职时刚好27
岁。

1931年之前，他从未接触过
纳粹党和党卫军。他仅从妻子丽娜
的介绍中认识了希特勒的政党，她
18岁时就加入纳粹党了。

海德里希的党卫军情报处一
开始很简陋乃至寒碜，缺少钱、房
子、人员。但海德里希证明了他是
个组织天才，热情地在国内组建情
报网络。

海德里希

海德里希执行希姆莱的意志，
从不反抗。他早就发现了自己的才能，能预见希特勒或希姆莱想干什么。这
样他就让对方少不了他——作为肆无忌惮、无所畏惧的万能武器。

1932年2月，当海军里同船的战友们得知海德里希在慕尼黑纳粹党的党卫
军得到了一个职位时，他们向哈勒纳粹党党区负责人提交了一封指控，声称
莱因哈德·海德里希具有犹太血统。

莱因哈德·海德里希在党卫军里的事业刚刚开始，这一难堪的问题就折
磨着他，直至1932年6月22日一封"人种出身鉴定"才解决了问题。

鉴定说：

所附祖先名单证明，海军中尉莱因哈德·海德里希系德国出
身，无有色和犹太人血统。

1934年4月20日，赫尔曼·戈林将普鲁士盖世太保的领导权交给了海因

里希·希姆莱,希莱姆任命海德里希为它的负责人。这下海德里希从柏林出发,将党卫军的影响扩大到所有的德国警察。

海德里希是个冷酷无情和肆无忌惮的家伙。

在所谓的"罗姆政变"中——这是这场屠杀行动所披的外衣,海德里希、希姆莱和戈林一起参与了制订清洗名单。冲锋队首脑恩斯特·罗姆与海德里希关系密切,但当牵涉到党卫军的权力要求时,这就无关紧要了。

1934年6月9日,希特勒的助手赫斯代表希特勒宣布,党卫队保安处是党内唯一的情报机构,不容许党内再有其他机构从事谍报活动。至此,海德里希在纳粹党内的情报机构中的地位更加巩固了。

1936年,海德里希经过努力,由他担任处长的党卫队保安处如愿以偿地扩充为保安局,海德里希任党卫队保安局局长。

在此之前,海德里希领导的党卫队保安处和卡纳里斯领导的军事情报局签订过协议,保安队的情报机构不插手国外情报事务。海德里希由处长升任局长之后便有了更大的野心,他不甘心仅在国内从事情报活动,他要插手国外情报。

海德里希第一次直接插手国外情报事件,是派人捣毁了捷克境内的一反纳粹的电台。设立于捷克首都布拉格近郊的这个电台名为"黑色电台",在当时是许多反纳粹的电台中影响比较大的一个。对此,希特勒恨得要命,必欲除之而后快。海德里希得悉主子的意图后,早已把他与从前的上级卡纳里斯订的协议置之脑后。

海德里希通过在捷克的情报人员提供的线索,了解到"黑色电台"的负责人名叫福米斯。他原是德国一家广播电台的技术领导人,后来与一个反纳粹组织的领导人施特拉塞一起跑到了捷克。

一天,海德里希把保安局局长助理、党卫队三级突击队队长约克斯叫到办公室,让他想办法把远在捷克的,专与德国人为敌的福米斯弄到柏林来。约克斯接受任务后化装成一个商人,与自己从事舞蹈事业的女友一同来到布拉格。

约克斯的确是一名干练的特工人员，他没费多大劲便找到了"黑色电台"的准确地点——一家旅馆的某个房间。但是他并没有马上行动，而是带着自己的女友在布拉格玩了个痛快后，才向海德里希汇报已经找到目标。

在得到海德里希行动的命令后，约克斯才悄悄地搬进了"黑色电台"所在的那家旅馆，并神不知鬼不觉地偷配了一把"黑色电台"所在房间的钥匙。行动当晚，约克斯按照事先约好的暗号接来另外一个名叫格奇的纳粹间谍。约克斯来到福米斯的房门口，把配好的钥匙快速插入锁孔。他们原以为主人不在，谁知里边随即传出福米斯的问话声。约克斯情急之下伪装成服务员的口气说："给您的房间摆肥皂。"

毫无准备的福米斯刚一打开房门，约克斯和格奇便猛地向他扑了过去。福米斯感觉到大事不好，快速地把手伸进怀里，想掏出枪来，然而约克斯的枪已经响了，福米斯当即倒在了血泊之中。之后，两个间谍又掏出磷粉洒在电台和其他物品上，点上一把火后逃之夭夭。

希特勒得悉捣毁了"黑色电台"后十分高兴，表扬了海德里希一番，这更加坚定了这个"金发野兽"插手国外情报的决心。海德里希领导的党卫队保安局自从捣毁"黑色电台"，得到希特勒的嘉奖后，更是有恃无恐。他们在纳粹德国分裂捷克国家的过程中，起到了重要作用。

捷克斯洛伐克的苏台德地区与德国接壤，这里居住着260万日耳曼人，由于北部和西部的矿山和波希米亚森林都是极其富饶的土地，因而德国纳粹党人早就对这块土地垂涎三尺。

住在苏台德地区的日耳曼人过着几乎与世隔绝的自由日子，德国的纳粹党人要把他们鼓动起来是很容易的，因为他们是一个民族。早在第一次世界大战结束后不久的1923年，就有一些充满德意志主义的纳粹开始在那里活动了。

在苏台德地区亲纳粹的团体中，有一个比较大的组织名叫"德意志祖国阵线"，1935年这个组织又改名为"苏台德德国党"。因此，纳粹德国要在捷克的苏台德地区煽起民众的情绪是很有一些基础的。

希特勒的意图和苏台德的现状，作为党卫队保安局局长的海德里希当然是再清楚不过了。因此，早在1936年年初，海德里希就在希姆莱的授意下通过德国驻布拉格使馆，给苏台德德国党这个组织提供经济等方面的资助，指导他们怎样组织情报网，进行情报活动。

至1938年的夏天，盖世太保的人开始直接介入了。在海德里希等人的操纵下，苏台德地区的德国纳粹党人不断地渗透到各地区的组织中去，不但把所有这些组织变成了亲纳粹的，还把那些组织中的许多人变成了德国人的特务。这些特务们不遗余力地为德国保安局收集情报。

为了把大量情报及时传送到德国去，保安局竟然派人在边境两端架设了电话线。为了给希特勒在军事上入侵捷克找到借口，海德里希领导的党卫队保安局授意苏台德德国党到处寻衅滋事，叫嚷着要回到德国的怀抱。捷克政府在不得已的情况下，进行了反击，拘捕了一批闹事者。

然而，捷克的命运早已不是掌握在捷克领导人的手中了。随着《慕尼黑协定》的签署，纳粹德国入侵捷克已经"合法化"。不久，德国军队就开到捷克的土地上。

纳粹德国占领捷克是借民族矛盾和疆土利益为幌子来实行侵略的，西方资本主义国家实行绥靖政策也帮了希特勒一个大忙，使希特勒及其走卒更加忘乎所以。

为了更快地驱逐更多的犹太人，海德里希在维也纳的助手阿道夫·艾希曼让人在普林茨·欧根街上的前罗特希尔德宫里设立了一个"犹太人移居中心"。想出去的人虽然8天之内就能在这里拿到所有的证件，但代价是一大笔钱，私人财产被没收。

海德里希称1938年11月9日所谓的"水晶之夜"里发生的野蛮骚乱和全国范围的大屠杀是一桩"巨大的猪猡行为"。海德里希这样讲当然不是要同情受害者。他认为这些野蛮侵犯是非理性的。和他的上司希姆莱一样，他更喜欢不声不响的官僚恐怖，用图章和签字谋杀，有中央操作，像在流水线上一样机械化。

　　1939年，在德国柏林的一条大街上有一家神秘的夜总会。其实，这不是一家普通夜总会，它是德国情报头头海德里希设下的一个温柔陷阱。

　　海德里希通过威逼利诱，强占了这家夜总会，把它改造成纳粹的情报基地。

　　经过彻底的"整修"和"装饰"，夜总会所有的卧室、客厅、走廊都偷偷装上了窃听器，通过一条电线与地下室的录音器连接起来。

　　随后，海德里希派人找遍柏林所有的夜总会和色情场所，挑选出了20名美女，送到一所秘密学校进行专门培训，让她们学习外语、政治、经济等知识和徒手格斗、射击、破译密码等本领，还训练她们如何从对方口中套取秘密。此后，这20名美貌女子先后登场，凭借她们的迷人美貌和高雅素质，引得"特殊顾客"蜂拥而至。纳粹由此获得了很多极有价值的情报。

　　当时的意大利外长加拉索·西亚诺伯爵来到这家夜总会时，对一个姑娘说，希特勒没有远见，是一个政客、无赖，一个无能的情人。海德里希把录音带送到希特勒那儿，从此两国关系出现裂痕。

　　1940年9月，西班牙外长的唐位索·塞拉诺·沙那光临，向一位姑娘透露了西班牙要入侵直布罗陀的计划。海德里希把这一情报报告了希姆莱，使西班牙这一计划中途流产。

　　可是，海德里希无论如何也想不到，他精心设计的这个陷阱竟然被英国间谍釜底抽薪，窃为己用。

　　精明的英国人早就注意到了这家特殊的夜总会。伦敦方面派人以秘密顾客的身份打入夜总会，弄清了里面的一切后，把窃听线接到了德国人的窃听器上。

　　从1940年12月至1943年，英国人和盟军通过这根电线，窃听了许多德国人的机密。

　　1942年，随着战争的进展，这家夜总会的作用已经越来越小。海德里希派人封锁了这一区域，后来，干脆终止了它的活动。

晋升情报高官
实施疑凝计划

　　如果说海德里希领导的间谍们在德国入侵捷克的问题上最初还是站在幕后的话，那么在希特勒准备对波兰发动"白色方案"的计划时，他们则是直接走上前台制造事端了。这个事端的制造计划就是"希姆莱作战计划"。希特勒为了给入侵波兰找一个借口，命令希姆莱在德波边境制造一个事端，希姆莱又把这个任务交给了他的得意门生海德里希。

　　海德里希接到任务后，很快就制订出一个绝妙的计划，并给这个计划起了一个代号——"希姆莱作战计划"，即：

> 在德国进攻波兰的前一天夜里，情报安全局的部队穿上波兰游击队员的制服，沿德波两国边境制造波兰入侵德国事件。他们的任务是在几分钟以内攻占格莱维茨的德国电台，并用波兰话对德国进行攻击。

　　海德里希意识到，要把这台戏演好，演得更逼真，就得动真格的，要制造出真正的流血事件来。海德里希的脑海里马上想到了约克斯领导的党卫队突击队，这个党卫队突击队队长领导着保安局的一个特殊的情报部门。

　　在该部门工作的都是一些特殊的技术人员。这些人员主要是为保安局的外国间谍们伪造不同国籍的证件、护照、通行证等。在第二次世界大战快结束的时候，这个部门还制造假币。总之是一个专门造假的部门。

　　于是，海德里希立刻找来党卫队突击队队长约克斯，向他布置了任务。

这一次约克斯的主要任务是带上6个精明强干的党卫队员，在规定的时间里对格莱维茨电台进行攻击。

海德里希向约克斯交代完后又着重强调，这件事不得同格莱维茨的任何一个德国机关或单位进行联系；执行任务的每一个人不得随身携带党卫队成员、安全局人员或警察等可看出是德国人的证件。最后他凑到约克斯的耳边说："事后在现场能留下几具波兰人的尸体则再好不过了。"

海德里希给约克斯交代完最主要的任务后，又忙着给其他与之相关的一些负责人分配任务。有的负责置办行动中所需的波兰军服，有的负责把电台附近所驻武装部队撤走，有的率领兵卒化装成波兰部队向电台发起攻击，还有的充当边防警察与"敌"激战，最后一个负责人的任务是把从集中营里拉来充当波兰人尸体的犯人运往将要出现的几个战场上。

约克斯从海德里希处回来，便在约定的时间内带着6个党卫队员，包括一名懂波兰语的翻译乘车悄悄地来到了格莱维茨。他把人员分住在两家旅馆，随后，又带着人员侦察了电台周围的地形。电台设在城外塔尔诺维茨公路旁，外面围着一道两米高的铁丝网，电台四周几乎没有警卫人员。等各路人马报告说一切准备妥当后，海德里希又把几个负责人召集在一起，再一次商讨具体细节，看看有没有不妥的地方。看来一切都是天衣无缝，剩下的问题就是等待元首的命令。

1939年8月31日，希特勒向德国武装部队发布命令：9月1日4时45分进攻波兰。海德里希随即指示他的各路"导演"们做好有关准备工作。

8月31日下午16时，海德里希向约克斯下达了作战命令。约克斯得令后，于19时45分带着6名党卫队员乘车直扑电台。与此同时，早已停在奥佩恩别墅前的卡车也快速启动，把里边装着的刚刚弄死的囚犯运往预定地点。当晚20时许，当电台的工作人员和往常一样进行工作的时候，突然发现几个陌生人杀气腾腾地走了进来，冲向播音室，他们用手枪指着吓得不知所措的播音员，高喊着："举起手来！"还有的朝天花板乱开枪。

约克斯命人把电台工作人员绑起来，塞进地下室，然后让翻译掏出早就

◉ 穿着击剑服的海德里希

准备好的波兰语讲话稿对着麦克风进行播音。就这样，无数正在收听广播的德国人听到了波兰人的声音和夹杂其间的枪声。这次事件的全过程只有4分钟。4分钟之后，约克斯就带着人马溜得无影无踪了。电台门外，横七竖八地躺着几具血淋淋的穿着波兰军制服的尸体。同一天晚上，另外几个地方的纳粹特工也按照海德里希的指令从波兰境内向德国边境进行佯攻。

9月1日，德国的所有报纸、电台、广播都无一例外地发了同一条新闻："波兰暴徒进犯德国"。

战争开始后，海德里希创造性地将秘密国家警察、刑事警察和纳粹党的保安处合并成一个中央机构——帝国安全总局，以更有效地监视和迫害反纳粹分子。特别是艾希曼的四处"犹太人业务处"，是"恐怖中心"，是案头作案者之家，令人闻之丧胆。

海德里希，这位最高情报系长官，战争期间几乎从不待在他的办公室里。他要亲自参战，在波兰战场上他担任机枪手坐在机舱里，后来甚至担任歼击机飞行员。

当前线正全力进行大屠杀时，海德里希还有时间和兴趣从事体育活动。

1941年8月，他参加了有12名最佳选手参加的特级德国击剑冠军赛；1941年12月，当德国国防军被困在莫斯科城外的俄罗斯寒冬里时，海德里希参加了和匈牙利国家队的比赛，成了最了不起的德国人。

达到权力顶峰
遭遇炸弹袭击

　　莱因哈德·海德里希从1941年年初就开始制订一个将欧洲的所有犹太人运往东方的全面计划。由于胜利似乎就在眼前，希特勒开始执行"最后解决"的最极端阶段也临近了。海德里希想为这一刻、为希特勒讲的"毫无疑问正在到来的最后解决犹太人问题"做好准备。

　　他让帝国安全总局的"犹太人负责人"阿道夫·艾希曼起草公文，由赫尔曼·戈林于1941年7月31日签署。

　　戈林在公文中授权1938年分管"全面解决犹太人问题"的海德里希，"为在欧洲的德国影响区内全面解决犹太人问题做好必要的准备"。这场突击部队在东方开始的大屠杀，也将扩展到西欧甚至法国及已占领的北非。

　　1941年9月23日，希特勒不得不把在捷克领导间谍工作不力的牛赖特召回柏林，让海德里希亲自去捷克坐镇。牛赖特曾任德国外交部长，后任秘密内阁会议主席。这时的海德里希在拥有多重头衔之后，又多了一个拥有极大权力的捷克德军占领区摩拉维亚与波希米亚副行政首长的头衔。

　　海德里希达到了他一生权力的顶峰，不要说别人，就连他的"老师"希姆莱也得让他三分。9月29日，人称"金发野兽"的海德里希来到了布拉格。这个盖世太保头子的气魄显然比那个前任牛得多。不说别的，单是与柏林的联系方法上，他的前任就没法和他比。每天有一个空中信使和一条秘密电报线路专供其直接与柏林联系不说，帝国安全总局的特殊电话网和无线电通信网也是24小时为海德里希开通着。还有两架飞机在不远处的机场随时准备起飞，使这个还不到40岁的大间谍在紧急情况下两小时内就能到达柏林。

来到布拉格的，不仅仅是一个海德里希，还有他开展工作的全班人马。海德里希拒绝接管牛赖特的人马，连女速记员都是自己带来的。

海德里希也确实比他的前任有招儿，除了更多的捷克人人头落地外，他还真破获了好几起英国间谍案，使英国在捷克的间谍网元气大伤。消息传到伦敦，英国人在震惊之余十分愤怒。不久，"特别行动委员会"主席签署命令，制订了谋杀海德里希的"类人猿行动"计划，并得到了捷克在英国流亡政府的支持。

1941年12月，一个刮着寒风的夜晚，有一架不明国籍的飞机从伦敦起飞，向着捷克的方向飞行。当飞到距捷克首府布拉格不远的一片森林旁边的空地时，机舱内抛出了两个东西。那是两个跳伞的人，名字分别叫库比斯和加布锡克。他俩就是去执行"类人猿计划"的。两人飘落大地，迅速收起跳伞用具并将其藏好。天亮后，他俩装扮成德国军官的模样，与一个名叫包曼的人接上了头。三人迅速研究了进一步的行动方案，以将计划尽快付诸实施。

由于海德里希的行动异常诡秘，他的住所更是戒备森严，外人难以接近。因此一连几个月，加布锡克和库比斯都没有找到下手的机会。

1942年5月23日，一个扮成钟表匠的捷克抵抗运动组织成员打入了海德里希的住所，并得知了这个混世魔王5月27日将由乡村别墅去布拉格住所。于是，加布锡克和库比斯便决定27日在其行驶的途中行刺。

行刺地点选在里拉弯道，因为那个弯道呈"U"字形，而且是海德里希的必经之路，任何一辆汽车到那里都是必须要减速的，计划就在海德里希的坐车减速的一刹那将其干掉。

5月27日上午，加布锡克、库比斯两人和另一个名叫瓦尔锡的捷克抵抗运动组织成员早早地来到了里拉弯道，他们随身携带着英国"特别行动委员会"的特制炸弹，那是一种可以在滚动时爆炸的炸弹，且命中率极高。

10时30分，海德里希的轿车即将在里拉弯道上出现的时候，负责瞭望的瓦尔锡立即发出信号，隐藏在草丛中的加布锡克急忙跃上公路，用枪瞄准弯

道。但是，汽车出现后他却未能扣动扳机——一棵小草卡在了扳机上。库比斯见状急忙掏出那个特制的炸弹，向着弯道处的汽车扔去。

做了数不清的坏事的海德里希看到草丛中突然冒出一个人来，情知不妙，他急忙掏出手枪射击。但是，这天给海德里希开车的是一个替补的司机，他被眼前突然出现的情景吓呆了。

在这个关键时刻本应开足马力冲过去，但他却不由自主地把车停了下来。这时候，那枚特制的炸弹刚好滚到汽车底下并爆炸了。

浑身是血的海德里希滚出车外后，本想向刺客冲过去，但却未能站起来。他的腰被炸断了，只能眼睁睁地看着3个刺客从容逃走。

海德里希立即被送往布拉格的一家医院，由当地最好的外科医生雷尔鲍姆主刀手术。海德里希的肺部和下腹部多处受伤，不过手术很成功，海德里希从死神那里捡了一条命，不久他就可以进食了。可是，到了6月3日这天，这个混世魔王的病情又恶化了，并在6月4日早晨死去了。这一年，海德里希只有38岁。

关于海德里希的病情突然恶化的原因众说不一，尸体解剖后证明是死于胸膜炎，医生说是因为去掉脾脏后受不了注射的缘故。然而，第二次世界大战后，来自英、美等国的消息说，那颗特殊的炸弹里装有生物制剂。海德里希是同盟国生物武器的牺牲品。不管什么原因，海德里希这个德国最大的间谍组织之一的头目确实在1942年6月4日死了。

海德里希死后，德国盖世太保对捷克人进行了疯狂的报复，先后有上万人被捕，好几千人被杀。执行这次谋杀任务的两个英国特工曾经逗留过的两个村庄，几乎被盖世太保夷为平地。所有的男人均遭枪决，妇女则被关进了集中营，小孩被送进教养院，连村庄的名字也不许存在了。

暴徒血证

第二次世界大战主要枭雄

哈特曼

德国空军战斗机飞行员。他从1942年加入"第五十二战斗机联队",至1945年5月正式投降为止,一共击落了352架敌方飞机。因为一度把引擎盖周围漆成了黑色郁金香图样,使得有些苏联红军飞行员把他称为"来自南方的黑色魔鬼"。1949年12月,苏联法庭以击落多架本国飞机,袭击当地的面包工厂和杀害妇女与儿童等罪行,判处他25年劳役。

进入空军学校
成为优秀学员

　　1922年4月19日，埃利希·哈特曼出生于德国符腾堡地区魏斯扎赫城，父亲是第一次世界大战时的军医。战争结束后，为躲避经济危机，于1925年全家离开德国，到中国的长沙开了一家诊所。

　　1929年，哈特曼随母亲和弟弟一同回国。3年后，老哈特曼也回到德国，在魏尔的俾斯曼大街开了一家诊所，靠行医谋生。哈特曼的母亲是对他的飞行生涯产生了重大影响的第一人。哈特曼的母亲是一位富有冒险精神的飞行体育运动爱好者。

　　1933年，希特勒上台，德国掀起了飞行热。希特勒大力支持建立滑翔俱乐部。1936年，哈特曼的母亲在魏尔建立了一个俱乐部，亲任教员，招收青年人学习滑翔飞行。当时，哈特曼正上中学，他也加入了俱乐部。当他14岁时，已成为一名优秀的滑翔机驾驶员。1937年，他获A级和B级滑翔机驾驶员证书，取得C级后，成为希特勒青年飞行团中的滑翔机教员。

　　1939年9月1日，第二次世界大战爆发。高中毕业的哈特曼立即报名参加了空军。父亲希望儿子去从事救人生命的事业，而不是去杀人，而且他认为战争会以德国的失败而告终。母亲却支持哈特曼参军。

　　1940年10月15日，哈特曼加入德国空军第十训练团，驻扎在离东普鲁士的科尼斯堡15千米的新库伦地区。1941年3月，转入柏林加托夫第二空战学校。3月24日，入校不到一个月的哈特曼放了单飞。10月14日，基本飞行训练结束，他转入第布斯特歼击机飞行学校，学习驾驶梅赛施密特公司生产的ME—109式战斗机。

在这里，哈特曼遇到了对他的飞行生涯产生重要影响的第二个人瞿哈根教官——德国有名的特技飞行能手。教官对哈特曼也特别赏识，他教哈特曼基本战术动作和独自驾驶ME-109的技术，还传授了一些特技飞行的秘诀。

1942年3月，哈特曼顺利结束飞行训练，获驾驶员证章，并晋升为少尉。6月，转入空战和射击训练。6月3日，哈特曼驾驶ME-109D型飞机用机枪对拖靶射击50发，命中24发，引起教官和同行的注目。

哈特曼

9月，哈特曼随部队开赴东线战场，加入德国空军第五十二战斗机联队，参加对苏军作战。

加入侵略战争
成为德军"英雄"

　　哈特曼后被分配到第三大队，到第七中队任勒斯曼中士的僚机。

　　1942年10月14日，哈特曼和勒斯曼初次合作，由于哈特曼犯了新飞行员盲目性和不善观察的毛病，他被处罚和地勤工作3天。

　　11月5日下午，哈特曼和大队副官特雷普特中尉率4架飞机在迪戈附近起飞，去拦截企图攻击德军地面部队的飞机。哈特曼击落一架伊尔-2飞机，但他的飞机也受了伤，迫降后被德步兵救了出来。

　　哈特曼被任命为克鲁平斯基的僚机，克鲁平斯基当时已击落飞机70多架。战争结束时，克鲁平斯基共击落飞机197架，居世界第十五位。此时，哈特曼才击落两架飞机。

　　在与经验丰富的克鲁平斯基配合的日子里，哈特曼的战术逐步奏效，至1943年3月14日，他共击落敌机15架，获得了二级铁十字勋章。

　　1943年5月25日，哈特曼又击落6架敌机。不久，他出动后飞机受伤，第五次迫降。

　　8月17日，哈特曼击落飞机达到80架，平了第一次世界大战著名空战英雄曼弗雷德·冯·里希特霍曼所创造的世界纪录。9月，他升任中队长。

　　9月底，哈特曼击落敌机115架，破默尔德斯创造的击落敌机100架的记录，成为新的"空军英雄"。

　　10月29日，哈特曼击落了第150架飞机，平了克鲁平斯基的记录。他因此被授予铁十字骑士勋章，并获准休假两周。

　　哈特曼击落150架飞机后，报上常常登出他和第五十二联队其他"英雄"

的照片。苏联飞行员给他起了个"南方黑色魔鬼"的绰号。所谓黑色魔鬼是哈特曼机头上画的一个像郁金香花心似的黑色箭头。

1944年1月至2月,哈特曼又击落飞机50架,平均每个飞行日击落大约两架飞机。

3月2日,哈特曼击落飞机数达到了202架,希特勒授予他和克鲁平斯基中尉各一枚柏叶骑士十字勋章。哈特曼少尉和克鲁平斯基一起飞到阿尔卑斯山脉的贝希斯特加登山庄。在这里,希特勒亲手给他们授衔。

3月18日,哈特曼回到伦贝格前线,晋升为中尉。这个时候,美国人最新式的P-51式飞机投入了东欧战场,给德军造成很大威胁。

5月初,在苏军强大的反击攻势面前,哈特曼的中队狼狈撤出苏联,移防罗马尼亚的罗曼。他们的任务是拦截袭击罗马尼亚石油中心的美国B-17、B-24轰炸机群,同时继续同苏联空军作战。至5月底,哈特曼又击落23架飞机。

德军飞机

7月1日，哈特曼已击落250架飞机，成为德国空军第五个也是最后一个达到这个高峰的超级王牌。

8月3日，希特勒授予哈特曼一枚剑柏骑士十字勋章，这是颁发这枚勋章以来第二次授予一位中尉。哈特曼成了德国空军的神奇人物和"民族英雄"。

8月24日，哈特曼两次升空作战，击落敌机11架，从而使他击落飞机的总数达到301架，这是世界上第一个击落飞机超过300架的王牌飞行员。希特勒颁给他一枚钻石骑士十字勋章。

1945年5月8日，德国宣布无条件投降的这一天，哈特曼从捷克起飞，执行这次战争的最后一次任务——侦察一支苏军的位置。他没打算再进行空战，可是却撞上了8架雅克-11飞机，由于对方轻敌大意，他击落了第352架飞

德军飞机

机。

回到机场，航空兵司令官赛得曼上将司令官命令格拉夫和哈特曼飞往多特蒙德，向英军投降。但是，在盟军高级官员的协议中，捷克属于苏联受降区，在比尔森以东被美国人俘虏的德国人应该交给苏联进攻部队。

5月16日，美国人将哈特曼等移交给苏军。于是，23岁的哈特曼成了苏军战俘。

由于哈特曼的"战绩"和他飞过ME-262的经历，苏联人对他进行了多次审问，想了解ME-262的有关情况，但哈特曼拒不合作。

1949年12月，苏联法庭判处哈特曼25年徒刑。

1955年，西德总理阿登纳收到哈特曼母亲的信，希望拯救哈特曼。阿登纳亲自回了信，答应下个月采取措施使哈特曼获得自由。

为兑现诺言，阿登纳在莫斯科签了一个一般协定和一个贸易协定，事先提出了释放战俘的条件。苏联同意把释放1945年起关押的战俘作为协定的一个内容。哈特曼列入了名单，被提前释放。

11月，回到西德不久的哈特曼与乌施举行了宗教仪式的婚礼，这是一个推迟了10年多的婚礼。

1956年年底，哈特曼正式回到空军工作。

1957年，哈特曼赴美国考察F-104。

回国后，哈特曼在歼击飞行学校担任过一段时间的副校长后，又改任新德国空军的第一个喷气式战斗机联队——第七十一战斗机联队指挥官。1968年，哈特曼升为上校。1970年9月30日，哈特曼退出现役。

暴徒血证

第 二 次 世 界 大 战 主 要 枭 雄

冈村宁次

　　日本陆军大将，侵华战争的主要战犯。1927年任日本陆军步兵第六联队联队长时，出兵中国山东，是制造"济南惨案"的主凶之一；1932年参与制造"一·二八"事变，率部侵犯上海，屠杀上海人民；1933年春，他代表日方迫使国民党当局与之签订了屈辱的《塘沽协定》。1941年至1944年，疯狂推行烧光、杀光、抢光的"三光政策"。1945年11月，被列为中国共产党战犯名单的第一号战犯。

插手中国事务

挑起"一·二八事变"

1884年5月15日,冈村宁次出生在日本东京四名坂町街区的一个没落武士家庭。

他的父母冈村宁永夫妇此前生过一个儿子,但没有保住,他们担心这个孩子也会夭折。在给这个孩子起名时,他的父亲将自己名字里的"宁"字作为儿子的一个字,以示长久,再加一个表示顺序的"次"字,表示是第二个孩子,所以就取名为冈村宁次。

冈村宁次从小学习就比较刻苦,每天都给自己划定学习目标,并努力去完成。

1890年3月,冈村宁次入坂町小学。13岁时小学毕业,考进了著名的东京专门学校(1902年更名为早稻田大学)的附设中学部。由于该校当时的学费较贵,所以冈村宁次在此只读了一年多的时间,就转入东京陆军幼年学校。

1898年9月,冈村宁次身穿草绿色军装参加了陆军士官学校入学典礼,从此迈出了他军人生涯的第一步。

1904年,冈村宁次以优异的成绩从陆军士官学校毕业。同年2月,日俄战争爆发。他被分配到麻布步兵第一联队担任补充部队的小队副。

此时的冈村宁次,怀着为天皇建功立勋的迫切心情,恨不得马上驰骋疆场。在冈村宁次的一再要求下,上司终于批准了他的请求。

1905年4月,冈村宁次从补充部队转到步兵第四十九联队,作为新编第十三师团的一个小队长参加库页岛战役。

1907年至1910年的3年间，任日本陆军士官学校中国留学生中尉区队长，带过3期156名中国留学生，其中不少人日后成为中国著名的军事人物，如阎锡山、孙传芳、李烈钧、何应钦。

1910年12月，冈村宁次被推荐进入日本陆军大学。1913年11月，以第25期第8名的成绩毕业。

1914年8月，他被调到参谋本部外国战史处工作。

1914年7月，第一次世界大战在欧洲爆发，日本乘机抢夺德国在中国的势力范围，青岛就这样落入日本人的手里。

1915年2月，日军参谋本部决定编纂日德战争作战史，遂派冈村宁次等人赴青岛收集资料，冈村宁次首次踏上了中国的土地。

冈村宁次在青岛被时任黎元洪大总统顾问的日本陆军中将青木宣纯调到北京做助手，主要负责对外联络、文牍书案之类的工作。

冈村宁次在青木顾问处干了4年多，于1919年7月重返日本。回国后，他被任命为陆军军事调查部新闻班的少佐班员，主要从事沟通军队与国民之间的"感情"和处理军方对国内民众的宣传事务。

1921年，冈村宁次作为巡回武官赴欧美考察，临行前，首次参拜了皇太子裕仁。他此行的任务是替裕仁搜罗驻外武官作为党羽。

同年10月27日，冈村宁次在德国莱茵河上游的黑森林贵

冈村宁次

105

族城堡区，一个叫巴登巴登的矿泉疗养地举行了一个秘密聚会。他和另外两个军衔皆为少佐的日本驻外武官聚集在一起，议论国家大事。

这两人一个是永田铁山，另一个叫小畑敏四郎，他们在东京陆军小学时就是好朋友。

这所学校的许多学生都来自名门望族或富裕家庭，他们自视政治、经济地位优越，时常结伙欺负别人。为不受欺侮，永田铁山、冈村宁次和小畑敏四郎也结成了自己的团伙。

一次冈村宁次在做木马练习时，与一个来自长州高级武士家庭叫做龟田的打起架来，龟田有雄厚的家庭背景，平时在学校就是一霸，身边总有一帮人跟随。冈村宁次眼看就要吃亏，幸而永田铁山、小畑敏四郎得讯飞奔而来拳脚齐上，才把冈村宁次救了下来。

三人中，永田铁山与冈村宁次关系最好，彼此亲昵称呼"铁"和"宁"。

小畑敏四郎则与冈村宁次在同一个学员区队。三人从那时起就玩闹在一起、打架在一起，是性格、脾气都合得来的挚友。后来这三人又一起考进陆军士官学校、陆军大学。

在以训练严酷著称的日本军校中，永田铁山的毕业成绩是士官学校第四名、陆军大学第二名；小畑敏四郎的成绩为士官学校第五名，陆军大学第一名；冈村宁次则为士官学校第六名，在陆军大学则因成绩优异接受过大正天皇颁奖。

这一天，冈村宁次和永田铁山、小畑敏四郎结成"巴登巴登盟约"，立誓打倒军队中的长州阀元老田中义一等陆军中坚人物势力，拥立太子即位，这就是日本史上著名的"三羽乌之盟"。这三个人后来成了日本昭和军阀集团的象征。

其实，巴登巴登聚会还有第四个人——东条英机。尽管他后来出任日本战时首相，可是在巴登巴登聚会时他只是替永田铁山点烟和站在蒸汽浴室门口放哨的小喽啰。

除了在巴登巴登这4人之外，他们还在才华出众的同事中又选出了7个人。这11人都是后来日本发动第二次世界大战的昭和军阀的核心骨干。

他们是驻柏林武官梅津美治郎、驻伯尔尼武官山下奉文、驻哥本哈根武官中村小太郎、驻巴黎武官中岛今朝吾、驻科隆武官下村定、驻哈尔滨武官松井石根和驻北京武官矶谷廉介等。

当被称为太阳鸟的"三羽乌"从巴登巴登腾空离去之时，他们张开的黑色翅膀，将笼罩整个东亚大地。

1923年9月1日，日本关东地区发生7.9级的大地震。

9月3日，日本政府为抗震救灾和维持秩序，遂成立关东戒严司令部。刚晋升为中佐的冈村宁次被调至该司令部宣传情报部，负责戒严期间的新闻检查。

冈村宁次并不满足于宣传工作。经过频频活动后，他如愿以偿地得到了参谋本部上海驻华武官的调令。

冈村宁次在谍报武官任上，干得风风火火，颇有"实绩"。在上海纺织工人罢工，日本厂家枪杀顾正红事件发生后，他巧妙地利用英帝国主义分子打头阵，制造"五卅惨案"和"沙基惨案"，使中国民众的反帝矛头一下子集中于英国。结果，1925年度日本对华出口总额，非但没有受"五卅"反帝爱国运动的影响而跌落，反而较上一年增长了12％。

冈村宁次在瓦解和破坏"五卅"运动过程中表现出来的"出色"的情报、谋略及交涉协调能力，给参谋本部和外务省官员们留下了深刻的印象，并深得他们的赏识。所以，后来遇到像谈判塘沽协定、上海事变停战协定之类的军事外交问题，陆军本部总是指定他来主持。

在江浙战争爆发时，他把军事间谍派到双方的军中去当顾问，自己成了战争的总导演，想打就打，想停就停，以此检验双方军队的作战实力。后来只是在福建的孙传芳部突然出兵，奇袭卢永祥才打乱了他的计划。他便去当孙传芳的顾问，看着这支小小的军队迅速膨胀成为五省联军，又被北伐的国民革命军击败。在一片混乱中，他偷盗了孙传芳的军用地图，躲进了日本长

暴徒
血证

江舰队，又被奖励了一大笔资金。

1927年，冈村宁次任日本陆军步兵第三师团第六联队联队长，在山东"济南惨案"时奉命率部支援暂驻青岛，后回国调任参谋本部国内战史课课长。

1932年，为了转移"九一八"事变后国际社会对东北的关注，他派遣田中隆吉和川岛芳子挑起了"一·二八"事变，出兵中国上海。

2月26日，熟悉上海情况的冈村宁次被任命为上海派遣军副参谋长。

3月6日晨，待冈村宁次抵达上海时，淞沪战事已基本结束了。

4月1日，他转任为临时军事调查委员长，同时晋升为陆军少将，粉饰日军侵略上海的行动。时年48岁。

5月5日，中日双方经过谈判达成停战协定。尽管日军取得了在上海的种种特权，但冈村宁次还是对协定的内容并不完全满意，认为对中国"让步"太多。

出任侵华头目
犯下累累罪行

1932年8月19日，冈村宁次奉命转赴中国东北，出任关东军副参谋长。冈村宁次来关东军就任后，由于中国东北各地的抗日活动高涨，将"治安"问题列为首要任务。

9月，日伪发布了由冈村宁次等人参与炮制的《治安警察法》，随后又颁行《暂行惩治叛徒法》和《暂行惩治盗匪法》，把义勇军污蔑为"叛徒""盗匪"，规定对其可以格杀勿论。

在冈村宁次的指挥下，关东军以"步步为营，重点突破"的作战方针，向义勇军发动了规模空前的大"扫荡"。

1933年春，在以武藤信义、小矶国昭和冈村宁次为首的关东军的疯狂"围剿"下，东三省的各地义勇军，除少数坚持斗争外，绝大部分被打散，无数义勇军战士为反抗侵略而献出了宝贵生命。

3月2日，日军轻取赤峰城，两天后又占领了承德。从1月份挑起事端至此，日军在短时间内基本上控制了热河省，直逼长城一线。

至5月中旬，在冈村宁次的指挥下，日军很快突破中国军队的防线，向密云、怀柔一带逼近压进，其师团指挥所也前移至白河洞。随着密云、怀柔被占，北平已处在日本侵略军的枪口之下。

在日军的步步进逼之下，5月24日，中国方面不得不正式提出停战要求。当晚，中方密使殷同与冈村宁次进行了会晤。

其实，此前冈村宁次的多年故交、他曾经的学生、国民党有名的亲日派分子何应钦，已经早在暗中向冈村密授了蒋介石"攘外必先安内"的玄机，

因而双方很快就达成了有关停战的大致意向。

　　5月30日，冈村宁次作为日本关东军代表与何应钦派去的代表熊斌在塘沽举行正式停战谈判。16时，双方交换全权证书。31日上午9时半，停战谈判正式举行。

　　冈村宁次首先提出停战协定草案，并说明这是关东军的最后案，一字不容更改，要求中国代表在上午11时前作允诺与否的答复，对中方代表熊斌提出的《中国军代表停战协定意见书》，弃而不顾。

　　冈村强硬表示，中方对日方所提停战协定草案，只能回答"是"与"否"，一切声明必须等待停战协定签字以后再行商议。

　　双方相持至10时50分，离最后时限只有10分钟，熊斌被迫在一字不容修改的日方提案上签了字。

◐ 日军在中国建的据点

停战协定内容如下：

一、中国军队一律迅速撤退至延庆、昌平、高丽营、顺义、通州、香河、宝坻、林亭口、宁河、芦台所连之线以西、以南地区。尔后，不得越过该线，又不做一切挑战扰乱之行为。

二、日本军为证实第一项的实行情形，随时用飞机及其他方法进行监察，中国方面对此应加保护，并给予各种便利。

三、日本军如证实中国军业已遵守第一项规定时，不再越过上述中国军队的撤退线继续进行追击，并自动回到大致达成一线。

四、长城线以南，及第一项所示之线以北、以东地区内的治安维持，由中国方面警察机关担任之，上述警察机关，不可利用刺激日军感情的武力团体。

冈村宁次代表日本所签订的这个协定，其实质在于强迫中国方面承认长城一线为日军占领线，这等于认可华北平津地区是第二个"满洲国"。同时非武装区的确定，为日军进一步扩大侵略打开了通路。

1934年12月，冈村宁次回调参谋本部。他的关东军副参谋长的职位则被板垣征四郎接替。

1935年3月，冈村宁次出任参谋本部第二部（情报部）部长。在他的策动下，关东军展开了以在华北建立亲日傀儡政权、控制华北于日本势力之下为核心目标的"华北工作"。

奉天日本特务机关长土肥原贤二被派具体负责"华北自治运动"。

11月中旬，随着"冀察政务委员会"的建立，这一侵略目标基本实现，冈村宁次对自己的成果非常满意。

1936年2月26日拂晓，日本"皇道派"少壮军人发动了震撼日本政坛的"二·二六"事变。兵变发生后，冈村宁次和石原莞尔等临时参谋本部主要

成员积极主张采取"断然镇压"的方针，以整肃军纪。

冈村宁次原先也倾向于"皇道派"，并受到过"皇道派"一些实力人物的提携。但是，冈村宁次的政治观点是国家革新固然重要，但国内的稳定更为重要，下级军官的兵变会"损害军队的名声，削弱首脑部门的统制力"。

鉴于这些原因，冈村宁次并没有在事变中站到"皇道派"一边，而是积极参与制订具体的镇压计划。几天后，这次事变就被镇压下去。

冈村宁次因在此次事变中立场站得对、处置得当，被晋升为中将，破格出任第二师团师团长，成为17个正规师团主将之一，随后即开赴"北满"。

在"北满"，冈村宁次的部队编入关东军的建制序列，后又移防东部，担任对苏警备。

1938年6月，冈村宁次接到军部调令，组建第十一军，并任该军司令官，负责攻略武汉地区。

7月中旬，冈村宁次正式在南京行使第十一军司令官指挥权。他履新的第一仗是亲自指挥攻占九江的战役。

九江位于从安庆到武汉这段长江向南弯曲处，是中国军队的外围防线。

冈村宁次在海、空军的密切配合下，疯狂向九江中国守军张发奎的部队进攻，弹火铺天盖地，天地一片黯然。中国守军竭力抵抗，但损失惨重。

7月25日晚，日军最终蜂拥攻入九江城，正赶上城里流行霍乱。冈村宁次诬蔑是中国军队撤退时有意散布的结果，因而"一定要消灭九江霍乱"。

随着一声令下，九江城内大批染病或被日本军医定为有染病嫌疑的中国老百姓，惨遭涂炭，被日军屠杀、焚尸。

8月1日，冈村宁次下达继续进攻命令。当时，他手里有3个师团1个旅团，还有两个师团在增援中。他决心以波田支队镇守，以第六师团沿长江北岸而上攻武汉，集中两个师团沿南浔线攻取南昌，然后西进大迂回至岳阳，切断合围陈诚第六战区的27个军。

随后，他改用第六、第九、第二十七师团的强大兵力沿江而上，在海、空军的支援下，突破田家镇要塞，击退沿途的张发奎、李品仙两兵团。

10月25日凌晨，蒋介石恋恋不舍地离开了武汉。当日深夜，汉口完全沦陷。26日凌晨5时，武昌被占。27日午后，汉阳失守。至此，武汉三镇全被日军占领。

1939年4月，他又发动了以夺取南昌为目标的南昌会战。面对罗卓英集团的10个军20万人和横在进军道路上的3条宽阔的河流，他违抗总参谋长闲院宫载仁亲王元帅的意志，用两个连吃败仗的软弱师团作为主力，在3000米宽的突破口上集中了250门重炮，并集中了130辆坦克在空军的掩护下作为先锋单独突破，仅7天时间就占领了南昌。

5月和9月，冈村宁次又发动了对中国第五战区的襄东进击战（随枣会战）和对第九战区的湘赣会战（第一次长沙会战）。

在随枣会战时，他以3个师团和1个骑兵旅团面对李宗仁的20个军30万人；在第一次长沙会战时，他以4个师团对薛岳的52个师。

在这两次战役中，冈村宁次在宽大的正面上长途奔袭，穷追猛打，以消灭对方骨干兵团为目标，不以占领地域为目标，速进速退。因作战兵力不足和作战地域限制，他并没能完成预期的任务。

冈村因此对大本营总参谋部的限制扩大作战地域的方针大为不满，他要求大举增兵。由于他的上书和日本的大方针有冲突，他被调离前线，回日本当军事参议官。

1941年4月，冈村宁次被授予大将军衔。不久，被天皇钦点出任华北方面军司令。当时，华北方面军是日本最大的一个战略集团。

冈村宁次到任后，调集数万日军，开始对中国军队进行残酷的大"扫荡"。

国民党军队受不了压力，光投降的就有40余万。

在"扫荡"中，日军进行了无数惨绝人寰的大屠杀。无数的百姓，尸首异处；大好的河山，荒冢累累。

这时八路军陷入很被动的局面，丧失了一半根据地和人口，平原富庶地带全部变成游击区，总兵力由40万减至30万。太行山上的前方总部被日军特

种部队突袭，八路军前方总部参谋长左权战死。

"扫荡"之后，冀中抗日根据地遭到严重摧残，根据地大部分变为敌占区，部分变为游击区。冀中军区部队也受到重大损失，地方党政机关和群众团体遭到很大破坏，区以上干部牺牲过半。

日军在大"扫荡"中滥杀无辜平民，而冈村宁次却因为屠杀中国人民"有功"被日本大本营授予一级军功"金鵄"勋章。

1943年，冈村宁次对华北敌后抗日根据地的进攻有增无减，对抗日根据地人民的屠杀更加凶残。这年秋季，展开了大规模"扫荡"，短短3个月时间，日军残杀根据地人民6700余人，烧毁房舍55000余间，抢走牲畜19000多头，抢劫和焚毁粮食1500千克。

冈村宁次虽然多次施展"扫荡"毒计，但始终无法消灭华北地区的八路军。在整个战局的影响下，冈村宁次再也抽不出多少机动兵力来发动大规模的主动进攻了。

中国共产党领导的各抗日根据地，趁势得到了恢复和发展。连吃败仗的冈村宁次不得不自讽"狮子捕鼠，效力不大"。

从1942年下半年开始，日军在太平洋和东南亚战场由盛转衰、兵力吃紧，不得不从中国战场上调兵增援。

至1943年年底，冈村宁次麾下已有五六个师团被调走，占华北日军师团总数的近一半。剩下的部队守卫主要城市和重要交通干线犹恐不足，更不用说主动发起大规模军事进攻了。

没有实力进行大规模军事进攻，冈村宁次只好想办法招降纳叛，利用汉奸对付抗日队伍。在华北，他主要劝降的对象是阎锡山。

经过多次会议，冈村宁次对阎锡山的劝降虽没有成功，但达到了使阎锡山在军事上消极避战，日军得以在山西专事对付八路军的目的。

任华北日军最高指挥官期间，冈村宁次的一大收获是：国民党各路杂牌军总共有30万人左右投降了日军。

1944年，日军计划打通大陆交通线，日本军部责成华北方面军提出方

案，这虽然不是冈村所主张的西安—成都作战，但他还是认真作了准备。

早在1941年秋，冈村宁次就在黄河南岸夺得了一个桥头堡作为突破口，并不惜代价保持了两年之久。

鉴于中国军第一战区40万人为蒋鼎文和汤恩伯两个集团，而华北日军140个大队只能动用12万人。冈村宁次预计先消灭作为机动兵力的汤恩伯集团，然后再消灭以洛阳为中心的蒋鼎文守土部队。

针对汤恩伯喜欢打运动战，而且喜欢趁日军退却时集中兵力突击一翼的习惯，冈村命令内蒙古的战车第三师团秘密南下，部署在战线后方，准备在汤恩伯反攻的时候给他当头一棒。结果战场形势发展完全符合他的预计，汤恩伯的反攻刚刚显出模样就被打垮了。

冈村宁次也由守土的华北方面军司令调任进行大规模机动作战的第六方面军司令。在到达武汉上任的时候，他惊讶地发现华南的制空权已经被中美空军所夺去，武汉的军用仓库都被炸掉，连他要去广州都要绕道台湾。

由于冈村宁次在侵华战争中，为日本立下赫赫战功，1944年11月24日，日本政府升任他为日本中国派遣军总司令官。

这一年，冈村宁次已60岁。

战败受到庇护变身
国民党高级军事顾问

进入1945年，国民党第四方面军在司令官王耀武的指挥下，湘西会战取得了雪峰山大捷，歼敌30000余人。

中国共产党的敌后战场形势也发生了巨大变化。从1944年起，八路军、新四军和华南抗日纵队就先后转入对日伪军的局部反攻，仅这一年就作战20000多次，毙伤日伪军26万人，收复国土80000平方千米。

至1945年春，中国共产党军队已发展到91万，民兵200万，建立了19个解放区，面积达95万平方千米，从而在全国范围内形成了对日本占领的大多数城市和主要交通线的战略包围。

国际方面，1945年5月8日，纳粹德国战败投降，欧洲战场战事结束。苏、美、英三国首脑为了处置德国，解决他们对欧洲及其他问题的安排，于7月17日至8月2日，在德国柏林郊外波茨坦举行会议，通过了《波茨坦公告》。

在这个公告中，中、美、英三国要求日本立即宣布所有武装部队无条件投降。日本军国主义分子执迷不悟，他们只想着"本土决战"，叫嚣"一亿玉碎"，对波茨坦公告置之不理。

盟国对日本的反应极其愤慨，美国海军部发言人说："美、英、中决心将不负责之军国主义驱逐出世界。日本如不投降，则目前对日本之大打击仅属全面战争伟大戏剧之序幕。"

1945年8月6日和9日，美军在广岛、长崎投下了两枚原子弹。日本本土受

到重大打击，日本国内陷入一片恐慌。

虽然大势已去，冈村宁次仍想做垂死挣扎。9日，冈村宁次向部队发布训示说："苏联参战早在预料之中。我数百万精锐皇军正严守皇土及大陆。必须发挥最大勇猛之传统，为维护国体，保卫皇土，只有断然决一雌雄。本官决意率百战百胜皇军之最精锐部队，抱全军玉碎之决心，誓将骄敌歼灭，以挽狂澜于既倒。"

正当冈村宁次要带领侵华日军同中国军队决战时，却收到东京大本营密电，此文的核心内容透露了准备接受投降的实情。

看了这封电报，冈村宁次立即向陆军大臣和参谋总长发了电报，要求拒绝《波茨坦公告》，继续作战。

8月8日，苏联正式对日宣战。

8月9日，苏联红军150余万人，在华西列夫斯基元帅指挥下，以迅雷不及掩耳的攻势，分四路突入中国东北的中苏边界，对关东军发起全线总攻击。

经过10多天的凌厉进攻，一举打垮了侵占中国东北多年的号称"皇军之花"的关东军。在整个远东战役中，苏联军队共击毙日军83000多人，俘虏

冈村宁次向何应钦递交降书

59.4万人。

8月9日，毛泽东向全国人民发表了《对日寇的最后一战》声明：

> 对日战争已处在最后阶段，最后地战胜日本侵略者及其一切走狗的时间已经到来了。在这种情况下，中国人民的一切抗日力量应举行全国规模的反攻，密切而有效力地配合苏联及其他同盟国作战。
>
> 八路军、新四军及其他人民军队，应在一切可能条件下，对于一切不愿投降的侵略者及其走狗实行广泛的进攻！

紧接着，8月10日午夜，朱德向中国共产党领导的抗日武装力量发布第一号受降命令，命令要求"各解放区任何抗日武装部队均得依据《波茨坦宣言》规定，向其附近各城镇交通要道之敌人军队及其指挥机关送出通牒，限其于一定时间向我作战部队交出全部武装。在缴械后，我军当以优待俘虏条例给以生命安全之保证"。命令指出：

> 我军对任何敌伪所占城镇交通要道，都有全权派兵接受，进入占领，实行军事管制，维持秩序，并委任专员负责该地区之一切行政事宜。

8月11日，朱德接连发出第二号至第七号命令，具体部署各部队受降事宜。

8月15日10时10分，冈村宁次接到了东京发来的关于"天皇陛下已决定接受《波茨坦公告》"的陆第六十八号密电。他心中顿时明白了，战败投降已成定局，除谨遵诏命外恐别无他策了。

11时过后，中国派遣军总司令部2000余名日军官兵，按平时遥拜天皇的队形，在南京市鼓楼广场东面集合，聆听天皇亲自播讲的投降诏书。

第二次世界大战主要枭雄

12时整，广播里响起了日本国歌《君之代》。接着，天皇用他那极其尖细的声音说：

　　朕深鉴于世界大势及帝国之现状，欲采取非常之措施，以收拾时局，兹告尔等国民，朕已饬令帝国政府通告美、英、中、苏四国愿接受其联合公告……

这声音传遍了日本本土，以及亚洲太平洋地区有日军驻在的地方……

虽然投降的消息，冈村宁次早已知晓，但亲耳听见天皇裕仁宣布这个"悲惨"的结局时，他仍禁不住悲痛与绝望。广播结束了，司令部的全体人员在炎炎烈日下站了许久，没有人说一句话。

当天晚上，冈村宁次彻夜难眠，既不甘心侵略战争就这样失败，也为自己性命、前途担忧。他自知双手沾满了中国人民的鲜血，现在战败，作为败军之将，必是难逃法网。

正当冈村宁次倍感绝望之际，收到了蒋介石的一封电令，命令他的部队"暂保有武器及装备，保持现有态势，并维持所在地方秩序及交通，听候中国陆军何应钦总司令之命令"。

此时，蒋介石的军队大多在西南地区，蒋介石电告冈村宁次，为的是防止中国共产党就近"得利"，依靠日伪军先替自己看好地盘。日军败北，蒋介石的目标可要集中于"反共"了。

冈村宁次收到蒋介石的电令，心领神会，立即命令所属部队："未得蒋统帅系统命令，对敌人的任何要求，坚决予以拒绝，必要时则采取武力行动。"

冈村宁次这个杀气腾腾的"命令"，公然继续把中国人民的武装力量看做敌人。冈村宁次还把他的通告堂堂正正地刊登在他武力控制下的报纸上。南京汪伪《中央日报》8月19日登载：

　　日本驻中国派遣军于8月17日上午10时发表通告如下：日本派遣军基于大本营严肃之统帅命令，以既往之配置即移入停战态势，然如有中国军队自称受命局部地区指挥官之命令，于津浦沿线，扬子江沿岸地区，对日本军取不法攻击态势，或要求解除武装者，日本派遣军对之，实甚表遗憾。

　　在日本派遣军于严肃之纪律下，根据本官之命令而进退，以后基于停战协定之成立，逐次转入实行协定，绝不许他人妄加置喙。

　　以上中国方面军之不稳行动，相信绝非蒋委员长之命令，更望蒋委员长从速命令中国军全军，以至大小各部队，以观态势彻底实行停战。

　　发此通告者，似不像日本之降将，更使人看到了冈村宁次作为屠杀中国人民的刽子手的凶残嘴脸。

　　根据冈村的命令，被八路军、新四军围困的日军作困兽斗，不但不投降，还使用了武力。冈村后来在他的回忆录中这样写道：

　　8月16日以来，华北一带及江苏北部日军，由于拒绝共军的缴械要求，到处发生了战斗。仅举二三事例如下：

　　江苏省松相镇警备队，12月份受到共军的猛烈攻击，丧失1/3的兵力突围而出，中队长战死。

　　同一时期，江苏省高邮警备大队受共军攻击，激战两日，受重大损失，终于被共军解除武装……我军为对共军之攻击实行自卫战斗，共死伤7000多人。

　　8月21日，冈村宁次按照国民党受降主官、陆军总司令何应钦的命令，先派他的副参谋长今井武夫乘飞机去湖南芷江城，谈判投降事宜。

8月23日，今井武夫返回南京向冈村宁次作了汇报。

冈村宁次根据国民党备忘录的要求，迅速草拟了《和平后对华处理纲要》，坚决支持重庆中央政权的统一，关于移交武器、弹药、军需品等问题，要完全彻底地交付给重庆政府军队。

9月1日至5日，中国新编第六军被陆续空运到南京。

8日，陆军总司令何应钦上将进驻南京。中国方面特意选择9月9日，在原国民党陆军总部大礼堂举行受降签字仪式。

上午9时整，何应钦宣布受降仪式开始。首先，冈村宁次出示了日本政府出具的授权冈村宁次投降的证明书。然后，小林浅三郎从何应钦手里接受受降书两册，转身走回日方座位交给冈村宁次。

冈村宁次将受降书一一阅读，手微微颤抖地签了字，虽然对方是旧日相识，而且一贯亲日，但还是由于心情慌乱，而将图章盖歪了。

何应钦接过受降书，代表中国战区签名盖章，然后，宣布受降仪式结束，命令日军投降代表退庭，整个受降仪式仅用了18分钟。当晚，冈村宁次即对所属部队下达了向中央军各受降主官办理投降事宜，交出武器、装备的命令。

受降仪式的第二天，何应钦便率一些高级将领，与冈村宁次举行了"亲切会见"。何应钦对冈村宁次说："对日战事结束了，国共战争就要开始，我们对共产党作战困难不少，蒋主席说要请贵军协助。"

冈村宁次马上响应，说道："我既受天皇之命向中国投降，就应该忠实地为中国政府效劳。"

10月21日，何应钦邀请冈村宁次举行第二次会谈。23日晨，蒋介石还亲自出马与冈村宁次会晤。这时的冈村宁次哪里像个阶下囚，俨然是一个座上宾了。

11月6日，国民政府在光复后的南京设立"战争罪犯处理委员会"。当月，中国共产党在延安公布战犯名单，冈村宁次被列为第一号战犯。1946年1月，远东国际军事法庭将冈村宁次和东条英机、松井石根等人一起列入战犯

名单。

　　冈村宁次知道后暗想，自己的"死刑也在所难免"。但蒋介石国民党政府此时却想方设法庇护他。

　　2月12日，何应钦派人转告冈村宁次："总司令部参议政府不以战犯论。"这使冈村宁次悬着的心稍安下来。

　　不仅如此，在1946年6月国民党军队挑起内战后，在何应钦、汤恩伯等人的建议下，冈村宁次竟被秘密聘为国防部高级军事顾问，以发挥他的所谓"军事天才"。此前，冈村宁次有名的《剿共指南》就已被译成中文后大量印发给国民党军各级指挥官。

　　这一年的年底，国民党当局把他从南京萨家湾原日军总部大院迁居到鼓楼以西金银街4号，以隐其行踪。

　　在这里，冈村宁次遵国民党军事当局之托，先后撰写了《毛泽东的兵法及对付办法》《围点打援是共军的作战特点》《从敌对立场看中国军队》《以集中兵力对集中兵力歼灭共军》等分析报告和文章。他的这些报告和文章受到了蒋介石的高度重视，只有极少数的人才能阅看。

　　对这个侵华日军的总头目长期逍遥法外而且久无音讯，各界舆论纷纷向政府提出质问，国民政府一直以"此人目前仍任联络部长官，遣返侨、俘工作尚未结束"为由进行敷衍搪塞。而东京国际军事法庭也曾几次照会国民政府，要求冈村宁次出庭，国民党当局照样制造理由，搪塞过去。

　　1948年6月，迫于国际、国内的压力，国民党政府迫不得已，只得把冈村宁次交出来，在国内对其进行象征性的审判。7月12日，冈村宁次接受法庭调查。

　　8月9日，石美瑜庭长向国防部提出冈村宁次应扣押于战犯监狱，终获批准，冈村宁次被送进上海高镜庙战犯监狱。

　　在审判之前，怕冈村宁次担心，国防部二厅曹士徵少将向日本小笠原参谋透露："对冈村宁次的审判……由于蒋主席、白崇禧国防部长、陈诚总参谋长、何应钦将军等对冈村宁次在停战后的工作甚为感谢，审判只是走走形式，毋庸挂虑。"

8月22日，典狱长孙介君特意看望冈村宁次，并密谈道："先生前在塘沽协定时和在停战投降时，均未采取对中国不利的措施，中国有识之士均甚嘉许。蒋总统本无意使先生受审，然考虑国内外的影响，不得不如此。但绝不会处以极刑……请安心受审。"并教给他受审时应采取的适宜态度——"对中国民众所受灾难，要以痛心为宜。判决后可根据病情请求保释监外疗养，无论是审理或入狱只是形式而已"。

8月23日上午9时30分，开始对冈村宁次公审。礼堂内座无虚席，外面广场上也挤满了人。开庭后，检察官首先宣读起诉书。

起诉书读完，对被告人和证人进行庭审。当审判正在进行中，庭长石美瑜忽然接到南京来电，说冈村宁次案子暂停审理。18时30分，石美瑜在法庭宣布："今天只审不判，至此休庭。"全场愕然。

对冈村宁次一案的审判，就这样又拖延了下去，冈村宁次在有关人员的安排下不久离开战犯监狱。此后，国民党亲日派的要员，一个个都为使冈村宁次逃脱法网而奔走斡旋。

11月，在讨论对冈村宁次的判决问题时，何应钦等极力主张无罪。11月30日，汤恩伯派人透露给冈村宁次一个好消息，说蒋总统同意对冈村宁次判无罪。

1949年1月26日10时，时隔5个月后，法庭又对冈村宁次进行第二次公审。这次公审规模甚小，只有新闻记者20多人参加。特邀辩护律师迟到了，只有钱龙生律师一人。开始依次出演了一套程序：开始要求被告对检察官论罪理由进行申辩，冈村宁次仅回答同意各辩护律师的申辩；然后，钱律师作简短补充申辩。石美瑜庭长再次问冈村宁次还有何最后陈述，冈村宁次立即表示对法律审判无任何意见。但又假惺惺地表示对由于日本官兵的罪行给多数中国国民造成物质、精神上的灾难表示歉意，对因病推迟审判造成工作困难表示感谢。随后，进入讨论量刑阶段，法官们纷纷发言，一致表示，冈村宁次是残杀中国人民的大战犯，为伸张正义，维护民族尊严，平抑民愤，理应判处极刑。

听完大家的发言，庭长石美瑜面色苦涩地从公文包内取出两份文件展示给众法官，一份是代总统李宗仁和京沪杭警备总司令汤恩伯签署的命令："冈村宁次遣俘有功，法庭应该宣告其无罪。"另一份文件则是抄写工整的判决书："冈村宁次无罪。"

法官们目瞪口呆，面面相觑。这时，石美瑜才说明真相："此案上峰已经决定，我已身不由己。"

石美瑜告诉不愿签名的法官们："你们要不签字，我也没办法。在隔壁房间里，已有国防部派来的5位军法官，在此等候。他们马上可以接办本案，宣布重新审理。我们5人就到看守所去。"

法官们被迫在判决书上签了字。国防部审判战犯军事法庭判决书如下：

冈村宁次，男，年龄六十六岁，日本东京人，前日本驻华派遣军总司令官，日本陆军大将。

被告于1944年11月26日，受日军统帅之命，充任中国派遣军总司令官，所有长沙、徐州大会战日军之暴行，以及酒井隆在港粤，松井石根、谷寿夫等在南京之大屠杀，均系发生在被告任期之前，原与被告无涉。

且当时盟军已在欧洲诺曼底及太平洋塞班岛先后登陆，轴心既形瓦解，日军陷于孤立，故自被告受命之日，以迄日本投降时止，阅时及各该辖区之直接监督长官落合甚九郎、菱田元四郎等负责。该落合甚九郎等业经本庭判处罪刑，奉准执行有案，此项散处各地之偶发事件，既不能证明被告有犯意之联络，自亦不能使负共犯之责。

综上论述，被告既无触犯战规，或其他违反国际公法之行为，依法应予谕知无罪，以期平允。

1949年1月26日

这样，当天16时，冈村宁次竟当场被宣布无罪释放。

国民政府公开袒护日本战犯的罪行，引起全国人民的一致谴责。

1月28日，中国共产党发言人就此事严正声明，强烈谴责对冈村宁次的无罪判决，要求重新逮捕他，并以此作为与南京方面进行和平谈判的一项先决条件。中国共产党的声明引起了很大的反响，得到了国内舆论的广泛赞同。由于此时蒋介石已宣布下野，代总统李宗仁为争取和谈，下令重新逮捕冈村宁次，但时任淞沪警备司令的蒋介石的心腹汤恩伯却将命令扣压不发。

汤恩伯还于30日上午10时，安排冈村宁次乘"维克斯号"轮船驶离上海黄浦港，逃回日本。这就是国民政府对一个双手沾满鲜血的中国派遣军第三任总司令官的判决！

不仅如此，国民党在败退台湾后，企图"重振旗鼓"，在台湾成立了"军事实践研究院"，1950年，该院还聘请冈村宁次为其高级教官。

冈村宁次返回日本后，1955年6月，出任日本旧军人组织"战友联盟"副会长，后改任"乡友联盟"会长、名誉会长，从事复活军国主义的活动。

这个曾对中国人民犯下不可饶恕罪行的战犯，竟然被国民党政府放虎归山，逃脱惩罚，继续从事反人类活动，这在整个第二次世界大战中的盟国里恐怕也是独此一例。

直至1966年9月，冈村宁次才因心脏病突发去世。

第二次世界大战主要枭雄

暴徒血证

第 二 次 世 界 大 战 主 要 枭 雄

板垣征四郎

　　日本陆军大将。1931年与石原莞尔共同策划"九一八"事变，以1万日军挑战20万东北军。1937年，以半个师团击溃中国军30多个师，攻占山西。1938年6月，任陆军大臣，主张三国同盟。1939年9月，任中国派遣军总参谋长，主持对华诱降工作。1943年，任最高军事参议官。1945年，在马来西亚和新加坡等地同英、荷军队作战。1948年，被远东国际军事法庭判处绞刑。

策划侵略中国
制造"九一八"事变

　　板垣征四郎出生于日本岩手县岩手町沼宫内的一个士官家庭。他的祖父是藩主讲师，神道教徒，在明治维新时隐居乡野，潜心研究汉学。父亲曾长期担任地方长官。

　　板垣自幼随祖父母生活，从4岁起，祖父就亲自教他学习汉学。板垣征四郎日后成为日本陆军中的三大"中国通"之一，与此不无关系。

　　1891年春，板垣进入村里的沼宫内小学读书。小学毕业后考入著名的盛冈中学。中学时的板垣征四郎学习成绩并不出众。

　　板垣征四郎在盛冈读了两年后，于1899年投考仙台陆军地方幼年学校。仙台陆军地方幼年学校的学监大越谦吉大尉在"日俄战争"中战死，被誉为日本陆军的"军神"。

　　这位"军神"曾主张对学生实行残酷的训练，以磨炼学生的意志，使他们在今后的战争中能克服任何艰难险阻，无往而不胜。

　　板垣征四郎受这位学监的思想影响极大，在他的思想熏陶下，板垣逐渐成为一名狂热尚武、嗜血好战的青年军官。

　　1903年12月，板垣考入陆军士官学校，成为该校第十六期的学员。土肥原贤二、冈村宁次等都是这一期的学生。

　　1904年10月，板垣征四郎从这所学校毕业。11月1日，被授予步兵下士军衔，任步兵小队长。此时，正值日俄战争爆发，板垣随部队开赴中国东北前线。在这场帝国主义利益争斗的侵略战争中，板垣狂热地投入其中。

　　在一次大会战中，板垣的左胫部被子弹打穿，伤势非常严重，但他仍坚

持战斗。后来部下才硬把他抬下火线，送到随军医院。待伤愈合，战争已经结束了。

1913年，板垣征四郎被调回国，进入日本陆军大学第二十八期学习。1916年从陆大毕业，晋升为步兵大尉。

由于板垣征四郎自幼学习中国文化，深谙中国民情风俗，而且能够讲一口流利的汉语，因而毕业后的第二年，他就被日军参谋本部以研究员的身份派往中国负责收集情报。

这一时期，板垣辗转于昆明、汉口等地从事间谍工作。在汉口任职期间，他与同任参谋的另一名法西斯军国主义狂热分子石原莞尔臭味相投、一拍即合。两人一起刺探有关中国政治、经济、文化、军事形势的情况，为后来侵略中国的罪恶活动作了充分的准备。

1922年，板垣征四郎调任参谋本部中国课课员，同时兼任陆军大学教官。这期间，他仍非常关注中国问题，并寻找各方面资料，从理论上深入地探析中国国情。

1924年，板垣调任日本驻华公使馆武官助理，在武官林弥三吉和本庄繁手下工作。

1926年，板垣征四郎升任参谋本部中国班班长。此后，又担任步兵第三十三旅团司令部参谋，驻防青岛；不久又调任步兵第三十三联

板垣征四郎

129

队联队长，转驻天津。

1929年，板垣调任关东军某部团长，进驻奉天；同年5月，升任关东军高级参谋，开始了他在中国的"黄金时代"。

在奉天，任关东军高级参谋的板垣与旧识石原莞尔再度相逢，两人开始了共同策划侵略中国东北的罪恶勾当。

据他们得到的情报，张学良的东北军约有25万，其中沈阳附近有2万精锐部队，拥有飞机、坦克、大炮等武器装备，而当时奉天附近的关东军只有1万余人，在数量上处于绝对劣势。

在1929年的"中东路事件"——张学良领导的东北政府为收回苏联在中国东北铁路的特权而发生的中苏军事冲突中，中方战败，东北当局损兵折将。所以，石原非常看不起东北军，他轻蔑地说：我不用拔剑，只用竹刀就足以吓退张学良。

由此，他们制订了一个"以寡制众"的策略，决定以突然袭击的方式给中国军队以致命的打击，从而迅速攻占奉天，并在其他国家的干涉尚未开始时，迅速占领东北其他战略要地。

计划制订后，板垣一刻不停地开始着手实施。他在国内四处演讲，进行武装侵略中国东北的动员煽动，在日本陆军步兵学校他发表了题为"从军事上所见到的满蒙"的演讲。

他不加掩饰地鼓吹日本应该侵略中国东北："'满蒙'对帝国的国防和国民经济生活有很深的特殊关系"，"'满蒙'权益是'日清'、'日俄'两次战争中以10万日本人鲜血取得的，它具有特殊的地位，必须彻底确保"。

板垣征四郎还在关东军部队长会议上叫嚣煽动道："日本解决'满蒙问题'的最终目标，是要把'满蒙'变成日本的领土"，这样，对整个中国，日本将"能立于制其于死命的地位"，所以侵略中国东北是"当前的急务"。

板垣的计划得到了陆军省军事课课长永田铁山大佐、参谋本部冈村宁次大佐、东条英机大佐的支持。永田铁山还亲自到东北视察，表示支持板垣、

石原制订的"关东军武力解决东北问题的方针",并答应拨给关东军两门24厘米口径的重炮。

在板垣的鼓动下,侵占"满蒙"渐成日军内部之共识。为了寻找借口,制造紧张气氛,1931年6月至7月间,板垣征四郎蓄意在中国东北相继策划制造了"万宝山事件"和"中村事件",后者直接成为日本发动"九一八"事变的导火索。

有了紧张事件的铺垫,在日本国内,军国主义者乘机煽起"满蒙危机"的紧张气氛。

1931年8月4日,陆军大臣南次郎对"满蒙问题"发表强硬言论,要求军队"随时准备尽军人的天职"。

内阁首相也在会上宣扬为了保卫"满蒙"权益,国民应准备"不惜任何牺牲,勇敢奋起"。

而且早在6月,日军参谋本部就已制作了《解决'满蒙'问题方案大纲》,要求以一年为期,争取国内外的"谅解",做好准备,分三个阶段完全占领中国东北,解决所谓"满蒙问题"。

总之,日本政府、军部以及关东军准备以武力解决"满蒙问题"方针已定,只待寻找有利"时机"而已。

与此同时,7月,永田铁山答应支援的两门24厘米口径的重炮运抵奉天日本守备队,秘密安装妥当,炮口对准中国东北军北大营和奉天飞机场。

8月初,暗中放纵和支持侵占"满蒙"的建川美次少将调任作战部长,"中国通"本庄繁中将任关东军司令官,土肥原贤二大佐任奉天特务机关长。几个极力主张对华动武的狂人齐聚一起,板垣决定大干一场了!

9月5日前后,关东军要在中国东北发动事变的消息传来,引起了日本驻奉天总领事馆及日本国内的关注。内阁闻讯向参谋本部施压,认为此时挑起事端,时机尚不成熟。板垣等人见事已至此,只有争取主动了。

于是,他们先以关东军参谋长三宅光治的名义致电日本参谋本部作战部长建川美次,说明关东军对"最近之暴虐侮辱实所难忍",要求派人来"满

洲""视察"，以"使政府对现状有适当认识"。

参谋本部接到电报后，以国内外时机尚不成熟为由，力阻他们操之过急，要他们"再隐忍一年"，并派作战部长建川美次前往"满洲""安抚"关东军。

建川美次表面上是奉命去东北劝阻板垣等少壮派军官的行动，实际上他已经将参谋本部的决定透露给当时陆军法西斯青年军官组织"樱花会"头子、参谋本部俄国班班长桥本欣五郎。桥本接连给板垣发出三封密电，催他立即行动。

板垣接到密电后，立即与石原商定，将9月28日行动计划提前至9月18日晚进行。

9月18日下午，建川美次所乘火车到达奉天站，板垣征四郎强抑心中的激动，亲自到车站迎接。

随后，板垣征四郎把建川美次护送到奉天城内日本人开的菊文旅馆。安

东北军北大营（模型）

排妥当后，板垣借口有事告辞了，而建川美次也闭口不谈此行的目的，这实际上是在暗中怂恿板垣等人及早动手。

22时20分，关东军按预定计划，由独立守备队的河本末守中尉率部引爆事先埋在靠近中国军队北大营的南满铁路线上的炸药，炸毁奉天城北郊柳条湖附近的一段路轨。

早已埋伏在一边的日军在听到爆炸声后，立即以中国军队炸毁南满铁路为由，向中国军队发起攻击。顿时，东北军北大营枪炮声四起。

板垣征四郎一面将偷袭成功的消息转告给留守关东军司令部的石原莞尔，一面以关东军司令官本庄繁的名义，命令一部分日军占领北大营，并向奉天城发起突然袭击。

23时46分，奉天特务机关辅助官花谷正以土肥原的名义给旅顺关东军司令部发出第一封电报，谎报中国军队在奉天北郊破坏了铁路，袭击日本守备队，日中两军发生冲突。

19日零时28分，花谷正发出第二份电报，称中国军队与日本守备队正在激战，日军陷于苦战。

三宅光治参谋长接到电报后，一面立即召集石原莞尔等参谋到司令部集合，一面向司令官本庄繁报告"柳条湖事件"，并请本庄司令官立即到司令部紧急研究对策。

在司令部的作战室里，本庄繁、三宅光治、石原莞尔等人紧急研究对策，一致认为此时是发动武力的"绝好机会"。

石原主张应立即向全军下达"出动"攻击命令。本庄繁司令官开始对于这样重大的、超出关东军平时作战计划的行动尚有所犹豫。不久，他又接到土肥原请求司令部派兵增援的紧急电报。石原莞尔着急地催促说："如不立即增援奉天，关东军将蒙受失败之辱。"本庄繁才最后下定决心，命令关东军主力投入进攻奉天的战斗。

奉命前来"阻止"的建川美次，在夜里的枪炮声中，被"好意"的卫兵守护在旅馆的客房内，说是以免被中国军队袭击。于是，他就安安静静地待

在屋子里了。

9月19日清晨，奉天城的枪炮声终于平息下来，一夜之间奉天城成了日本兵的天下，成群结队的日本兵扛着太阳旗，耀武扬威地招摇过市。

关东军司令部也在占领当日迁至奉天城，驻扎在板垣事先安排好的中央广场前的东拓大楼。

19日上午10时，日本内阁召开紧急会议，讨论关东军关于"柳条湖事件"的报告。在内阁会议上，首相和陆相均认为关东军发动武力是为了"自卫"。对此，内阁决定采取"不扩大"方针。

会后，日本陆相和参谋总长马上分别向关东军发了电报，传达内阁"不扩大"方针，同时赞扬关东军的"决心和措施是适宜的"，"提高了日军的威望"，这无疑纵容和支持了关东军的行动。

在日本国内的纵容下，关东军乘胜出兵吉林。继奉天之后，不久营口、凤凰城也被日军攻占，长春以南的军事重镇都被攻占，吉林省全境也很快落入关东军囊中。

日军占领吉林后，板垣又置日本大本营关于"鉴于目前国内外之大局，暂不实行对北满积极作战"的命令于不顾，坚决主张继续进攻齐齐哈尔，进而占领黑龙江省。

由于蒋介石顽固地奉行"不抵抗政策"，张学良所率20多万东北军在日军的进逼下节节败退，最终退至关内。整个东北地区100多万平方千米的大好河山，3000万人民陷于日寇的铁蹄之下。

炮制伪满洲国
掠夺中国战备物资

"九一八"事变爆发后不久，板垣、石原等人在沈阳馆二楼客厅与建川美次会谈。

建川主张吞并中国东北应分三步走，而板垣和石原则主张一步到位，即"满蒙占有论"，双方争执不下。

9月22日，双方终于达成一致：在中国东北建立一个亲日傀儡政权，即实施"满蒙独立论"。提出以溥仪为"元首"建立"新政权"，"领土包括东北四省及蒙古""国防和外交由日本帝国掌握"。

10月2日，在关东军参谋长三宅光治召开的另一次会议上，板垣、石原等人提交了事先拟定的《解决满蒙问题案》，进一步提出了日本控制"新政权"的军事、外交、交通、通信等的具体实施办法。

这个方案和最初的《满蒙问题解决方案》两个方案被合称为《满洲建国方案》，这是"九一八"事变后日本帝国主义在东北拼凑傀儡政权的第一个具体方案。

10月21日，板垣、石原在国际法顾问松木侠的协助下炮制出《满蒙共和国统治大纲草案》，提出了全面控制"新政权"的具体措施。

1931年年底，因"九一八"事变引咎辞职的原日本陆军大臣南次郎前往东北，与土肥原贤二商讨事变进展。

此后，南次郎向日本天皇作了《满洲近况》的报告，建议在中国东北建立"新国家"。

在报告中，南次郎指出，如此可以方便日本今后进攻苏联"向北发

展"，而日本通过控制这个"新国家"的经济，可以获得使日本永久自给自足的资源，还可以通过向中国东北移民解决日本人多地少的问题。

1932年1月6日，板垣携带关东军司令官的指示前往东京向政府汇报。裕仁天皇破例召见板垣。日本陆军省、海军省、外务省根据板垣的汇报，共同制订了一个所谓的《满洲问题处理纲要》，确定要在"满洲"建立一个脱离中国管辖的和政治、经济、军事、外交等各方面均由日本控制的"新国家"。

不久，板垣征四郎捧着天皇的敕令，带着《满洲问题处理纲要》返回奉天，紧锣密鼓地为建立"新国家"作准备。

日方代表与溥仪（右）谈判（蜡像）

事实上，板垣早在"九一八"事变爆发后，就已经开始积极物色人选，拼凑地方傀儡政权了。

1931年9月22日，板垣亲自来到张景惠的公馆，劝张景惠回哈尔滨复任，并宣布"独立"。为了收买张景惠，他又是答应给张景惠武器弹药，又是允诺一旦张景惠宣布"独立"，日军会迅速支援并"保护"张景惠的政权。

9月23日，张景惠仗着有日本人撑腰，赶回哈尔滨，于9月27日宣布建立"东北省特区治安维持会"并自任会长，然后暗中策划哈尔滨"独立"，投靠日本侵略者。

与此同时，板垣还利用一心想复辟的清朝遗老罗振玉，策动前清皇族投靠日本。身为吉林省军参谋长的熙洽一直冀望复辟清朝，趁吉林长官奔母丧不在城中之机，打开吉林城门，向日本投降。熙洽成为日本侵华后第一个投降日寇的中国官员。熙洽曾写密信给溥仪，请溥仪回到"祖宗发祥地，复辟大清，救民于水火"，在日本支持下，先据有东北，再图关内。

9月25日，板垣派人策动洮南镇守使张海鹏投靠日本。10月1日，洮南镇守使张海鹏宣布洮南"独立"。

12月7日，板垣又亲自出马，企图说服海伦的马占山归顺日本。马占山虽有抗日之心，但独力难支，只好退一步与板垣缔结了一个停火协定。

12月16日，板垣威逼利诱被软禁的原辽宁省政府主席臧式毅，迫使臧式毅降日。

除了扶植傀儡地方政权以外，板垣也早已展开了对清末代皇帝溥仪的工作，以便建立一个依附于日本的所谓"独立国家"。

1931年9月22日，板垣征四郎叫来罗振玉，告诉他关东军准备推举溥仪为伪满洲国首脑的决定，希望罗振玉能尽快把溥仪请到"满洲"来，以商"建国"大事。

9月30日，板垣派日本特务上角利一与罗振玉一起前往天津，溥仪当时在日本天津驻屯军司令部，两人力劝溥仪到东北"复位"。罗振玉是大清国的

137

臣子，应无贰心，但日本人就不一定了。溥仪心中有些犹豫，所以决定回去考虑一下再作答复。

这个办法效果不佳，关东军司令部遂派土肥原贤二赴天津，专门做溥仪的工作。土肥原是板垣的密友，是搞间谍阴谋的老手。

土肥原一到天津，就马上去拜访了溥仪，他利用与溥仪是旧识，力陈"满蒙人民之渴望"，希望溥仪回到祖宗发源之地，以图重新来过，一番"肺腑之言"，说得溥仪动了心。土肥原还在溥仪周围策划一系列的恐吓、威胁事件，使溥仪吓得心惊胆战，不敢再留在天津。

通过利诱、恐吓、软硬兼施的阴谋手段，土肥原终于把胆战心惊的溥仪秘密诱出天津，并于11月18日，辗转送达旅顺。

同时，板垣征四郎还拨给日本驻上海公使馆武官田中隆吉2万日元，作为他的活动经费，让他在上海制造事端，转移外国对中国东北的关注。

田中隆吉秉承板垣征四郎的旨意，回到上海后立即策划，在1932年年初制造了"一·二八"事变。

就在上海发生"一·二八"事变，大家关注淞沪战局的时候，板垣征四郎风尘仆仆地回到奉天。

1月29日，板垣受本庄繁司令官派遣，前往旅顺和溥仪会面，询问溥仪对"建国"方案的意见。

此时的溥仪，在旅顺大和旅馆已经被幽禁了近两个月。溥仪被迫退位后，没有一天不想着复辟清朝，这次有了日本人的帮助，他当然要"把握机会"了。

2月16日，板垣操纵张景惠召集熙洽、臧式毅、马占山等人，在奉天举行了建立伪满洲国的"建国会议"，即所谓"四巨头会议"。

臧式毅在会上提出"联省自治"的主张，遭到板垣的严词拒绝，而且板垣还迫令"四巨头"接受关东军事先早已拟订好的建立伪满洲国的计划。会议决定，建立"东北行政委员会"，发表宣言，指令专人在日本授意下起草"建国宣言"。

第二次世界大战主要枭雄

18日，关东军利用"东北行政委员会"的名义，发表了一个伪造的"宣言"，宣布东北各省完全"独立"。

21日，板垣奉命再度动身去旅顺，最后与溥仪谈判，使溥仪接受日本帝国既定的"建国方案"。

22日，板垣再一次会见溥仪。板垣以关东军的名义，明确地说："这个国家名号是'满洲国'。"说完，拿出所谓的《满蒙人民宣言》以及五色的"满洲国旗"，放到溥仪面前。

溥仪一心想的是恢复帝制，重当皇帝。他强忍着心中的怒气说道："这算是什么国家？难道这是大清帝国吗？我要做的是大清的皇帝！"

他向板垣陈述了10多条必须恢复帝制的理由，翻来覆去地表示不能放弃皇帝的身份，板垣当然不同意。两人谈了3个多小时，也没有达成一致意见，板垣最后给溥仪丢下句"请阁下再考虑考虑"便起身而去。

溥仪（前排中坐）举行就职典礼

板垣扬长而去之后，溥仪身边的郑孝胥提醒溥仪说："无论如何不能和日本军方伤感情，伤了感情一定没有好处，张作霖的下场就是殷鉴。"溥仪一听又害怕又沮丧。

第二天，板垣把郑孝胥、罗振玉、郑垂等人叫到他所住的旅馆，态度强硬地让他们向溥仪转告，这是关东军的最后决定，是不能改变的，溥仪必须出任"满洲国"的"执政"，而不是什么宣统皇帝，如果不同意，就视为敌对态度，就会采取对待敌人的手段了。这三个人被吓得战战兢兢，赶紧回去传话。

在板垣的威逼利诱之下，溥仪无可奈何，既怕没法向日本人交代，又不愿放弃复辟大清当皇帝的打算。最后想出了一个折中的方案："暂定一年为期，如逾期仍不实行帝制，到时即行退位。"

郑孝胥拿着这个妥协的方案再去找板垣报告。板垣表示同意这个方案，因为溥仪掌握在自己手中，不怕他不听话。

1932年3月1日，伪满洲国宣布成立，溥仪就任伪满洲国的"执政"，年号"大同"，以红、蓝、黑、白满地黄五色旗为"国旗"，以长春为"国都"，改称"新京"。

3月6日下午13时许，溥仪乘车到达汤岗子车站，板垣亲自前往车站迎接。待溥仪一行来到下榻之处"对蓼阁"后，板垣与溥仪再次进行会谈。板垣先向溥仪通报了关东军司令部对伪满洲国人事安排的决定，然后拿出事先拟定好的《溥仪与关东军司令官本庄繁的秘密换文》让溥仪签字。

溥仪心里当然明白，只要一签字，他就成了日本人的傀儡，而这个伪满洲国，也只是日本人用来掩人耳目的傀儡政权罢了。即便有一天真的登基做了皇帝，恐怕也是个日本人的"儿皇帝"。可事到如今，已经没有其他办法了，无奈的溥仪拿起笔在《换文》上签了字。

3月9日，溥仪在关东军的安排下，在"新京"举行了"就职典礼"，并发布了《执政宣言》，任命板垣征四郎为伪满洲国的"执政顾问"。在溥仪的强烈要求下，1934年3月，伪满洲国更名为"满洲帝国"。

板垣征四郎终于实现了侵略中国东北，将其变为日本殖民地的计划，"功勋卓著"的板垣自然被日本统治集团大为嘉奖了一番。1932年8月，板垣征四郎被破格晋升为少将。

9月15日，关东军司令官兼驻伪满洲国特命全权大使武藤信义与伪满洲国国务总理郑孝胥在勤民殿签署《日满议定书》。

《日满议定书》规定日本正式承认伪满洲国，并在伪满洲国驻军，担负伪满洲国的"国防"。在附件中规定由日本管理伪满洲国的铁路、港湾、航路、航空线等。

此外，还约定日本军队所需各种物资、设备由伪满洲国负责，日本有权开发矿山，日本人有权充任伪满洲国官吏，日本有权向伪满洲国移民等。

伪满洲国建立后，日本法西斯动用军警宪特等镇压机构，以残酷的手段镇压抗日运动，对中国人民犯下了累累血债。关东宪兵队除配合关东军进行大规模的军事"围剿"之外，在平时指挥其他镇压机构，成为实行白色恐怖的主导力量。

战败被处绞刑
偿还累累血债

　　1934年，板垣征四郎升任关东军副参谋长兼驻伪满洲国武官，又染指内蒙古，妄图把内蒙古从中国分裂出去，并在内蒙古和华北制造伪政权。

　　1936年，板垣升任关东军参谋长，又在内蒙古挑起了绥远事件。

　　1937年7月7日，日本挑起卢沟桥事变，发动了全面侵华战争。此时担任驻本土广岛第五师师长的板垣征四郎，又被派往中国直接参加侵略华北和华中的战争。同年，率军进攻山西时，在平型关战斗中遭到中国八路军的痛击。1938年春，又率第五师参加徐州地区的作战，在台儿庄战役中受重创。

　　1938年5月，奉调回国，出任改组的近卫内阁的陆军大臣，主张扩大侵华战争，亲自下令扩大战争范围。

　　他参加了重要内阁会议，决定打倒中国国民政府，以拼凑的傀儡政权取而代之，并对筹组汪精卫傀儡政权负有重要的罪责。

　　1939年9月至1941年7月，板垣担任日本驻中国派遣军总参谋长，继续参与侵华战争的指挥事宜，并对日本侵略军在中国解放区的暴行负有责任。1941年晋升上将，调任日本朝鲜军司令。1943年任最高军事参议官。

　　1945年4月，板垣征四郎出任总部设在新加坡的第七方面军司令，指挥日军在荷属东印度和马来西亚等地同盟军作战。在这期间，板垣强拉当地壮丁和劳工，抢夺当地的军需物资，强征、拐骗当地青年妇女充当"慰安妇"，对东南亚人民犯下了累累罪行。

　　1945年8月15日，日本宣布无条件投降。9月间，板垣征四郎来到英军指定的受降地点，即英国皇家军舰"萨塞克斯号"，代表日军南方军在新加坡向英

军投降。板垣办理完投降手续回到军中后，召集各军司令官，防止这些军官带头自杀，命令将"有为之士"送回国内，以求"尽快地实现皇国之复兴"。

板垣深知自己积极参与了几乎全部日军侵华活动，又积极参与了侵略朝鲜及东南亚的活动，历任关东军参谋长、陆军大臣、中国派遣军总参谋长、驻朝日军总司令等要职，一定会被作为战犯处理的，他想逃过英军对他的监控，逃往南美洲。为了顺利逃脱，他向英军驻新司令官史密斯行贿了价值30万美元的白金、黄金和天然钻石。史密斯看透了板垣的心思，先假意收下这份礼物，同时命令加紧对板垣的监控。

1945年12月，作恶多端的板垣征四郎终于作为战争罪嫌疑犯在新加坡被盟军逮捕，押解至东京，关于巢鸭监狱候审。

1946年5月，远东国际军事法庭开始对板垣征四郎等28名甲级战犯开庭审判。审判地点就在东京市原日本陆军大本营的大讲堂。

板垣征四郎被起诉犯有"破坏和平罪""杀人罪""分裂中国"等10项战争罪行。

板垣征四郎在远东国际军事法庭受审

对板垣征四郎的审判由中国法官担任主审。为了能尽量为自己减轻罪责，板垣与他的律师进行了多次商议，最后拟定了一个证人的名单，其中绝大部分人都曾是他的部下，他们事先秘密商议、互相串供，企图尽量为板垣洗脱罪责。

远东国际军事法庭检察长基南与中国检察官向哲浚、新西兰法官诺斯克罗夫特、美国检察官达尼甘等人，见到板垣的证人名单后，立即商议对策，他们开始想到板垣的故交石原莞尔。

石原莞尔与板垣交往密切，而且两人一起策划发动了"九一八"事变，石原应该清楚板垣所犯下的种种罪行。当时石原患上了膀胱癌已是晚期，他们希望石原在人之将死时，能够反省自己的罪行，与法庭合作，交代实情。岂料石原拒不合作，也不悔悟。

这一办法行不通后，中国法官梅汝璈、中国检察官向哲浚经过积极争取，获得了另一有力证人——被苏军俘虏的伪满洲国的"皇帝"溥仪。他愿意出庭作证。

经过充分准备，对板垣的审判终于拉开了帷幕。

一开始，板垣仗着有自己的部下作证，替自己说话，气焰颇为嚣张。

中国检察官向哲浚刚控诉完板垣自1931年起在中国犯下的种种滔天罪行，板垣的律师团立即要求传证人出庭为板垣"作证"。

打头阵的是岛本正一，此人是"九一八"事变后，指挥日军守备队进攻中国军队的联队长。他证明说"九一八"事变纯属突发事件而非事先的预谋，并且说当时"日军只是采取了自卫行动，不是板垣、土肥原、石原几个幕僚所能策动的"。

中国法官梅汝璈见他满嘴胡言，当即质问他当晚在哪里，干什么。

这个问题他提前还没来得及串供，因而不及细想就说："那晚，我去一个朋友家赴宴，喝得醉醺醺的，回家后就得到满洲事变发生的报告。"

机敏的中国检察官向哲浚抓住这个空子，立即提出："审判长，证人岛本既然声称他当晚喝醉了，那么一个醉酒的人又能证明什么呢？"

审判长韦伯见中国检察官批驳得有理有据，切中要害，便同意了请求，于是令宪兵将岛本拉了下去。板垣其他证人如法炮制的串供，因为拿不出什么证据来确实地证明板垣的无罪，所以法庭决定不予采纳。随后，法庭传溥仪出庭作证。

溥仪作为伪满洲国的"皇帝"，详细陈述了板垣和土肥原一伙如何诱骗他到旅顺，如何软硬兼施、威逼利诱他，最终炮制出伪满洲国的经过，并且详细揭露了日军在东北的侵略罪行。除了人证以外，中国检察官还提供了许多重要物证，包括日本外务省所藏档案中的御前会议、内阁会议、五相会议等重要会议的记录和决议，关东军与大本营的往来密电、关东军的动员令、日本政界元老西园寺的日记等重要材料。

依据这些有力的人证、物证，不仅推翻了板垣证人团炮制的伪证词，而且驳斥了板垣为自己开脱而向法庭提交的长达48页的自辩书。

面对确凿的证据，板垣再也无法抵赖或是狡辩了。

经过长达两年的法庭调查审理后，法庭认定板垣征四郎一手策划了"九一八"事变，扶植伪满洲国，制造内蒙古、华北"自治"运动；率军在"七七"事变后，扩大侵华战争，任陆军大臣期间进一步扩大侵略中国，并扶植"汪精卫政府"分裂中国。另外，对日军侵略苏联领土行为负有不可推卸的领导责任；任职期间积极推行战争政策，奴役占领区人民等罪行，事实俱在，证据确凿。

最后，远东国际军事法庭判定板垣征四郎"进行了对中国、美国、英联邦、荷兰及苏联实行侵略战争的阴谋，他明知这些战争是侵略战争却积极发动，并在其实行中担任了很重要的角色"。同时，法庭还判定他犯有"违反战争惯例和违反人道罪，对于南洋群岛占领区数千人的死亡和痛苦，犯有不可推卸的直接责任"。

1948年11月12日，法庭最后判决板垣征四郎绞刑。同年，板垣征四郎这个沾满中国人民和其他亚洲人民鲜血的刽子手，在东京巢鸭监狱被执行绞刑。

暴徒血证

第 二 次 世 界 大 战 主 要 枭 雄

广田弘毅

　　日本第三十二任首相，在相当长的时期内，主持日本外交或参与日本外交决策。他对于日本侵略中国、日本与德国和意大利建立法西斯同盟及挑起太平洋战争负有直接的重大责任。在发生南京大屠杀暴行的时候，身为外相的广田明知每天都进行着成千上万的杀人、强奸及其他暴行，但却没有进行制止。1948年12月23日，他在巢鸭监狱内被处以绞刑。

起草"二十一条"
侵犯中国主权

　　1878年2月14日，广田弘毅出生于筑前藩福冈那珂郡锻冶町，是林德平和林竹的长子。出生后起名叫丈太郎。出生后不久，林德平夫妇成为广田石材店的养子，丈太郎从此改姓广田。

　　1893年，丈太郎考入福冈县中学。在中学的日子里，他除了学习之外，经常到寺庙去坐禅或到明道馆练柔道。

　　明道馆是日本右翼团体组织"玄洋社"组织的一个社团，"玄洋社"的创始人是被称为日本"右翼运动大祖师"的头山满。

　　在明道馆练习柔道过程中，丈太郎受到头山满的忠君和侵略思想的很大影响，丈太郎的上进和聪明也为头山满所欣赏，两人渐渐成了忘年之交。

　　1898年，在第一高等学校读书的丈太郎自作主张，引用喜爱的《论语》中"士不可不弘毅"一节，将名字改为弘毅。当时的法律只允许出家人改名，为此他征得常去参禅的小林寺和尚的同意加入了僧籍。

　　广田弘毅从福冈中学毕业后，考入东京第一高等学校继续学习。在这里，他结识了两个曾居于高位的同乡副岛种臣和山座圆次郎。副岛种臣曾担任过日本外相，而山座圆次郎则是外务省政务局局长。

　　与这两位同乡的结交，使广田弘毅对外交产生了极大的兴趣，而且立志日后要成为一名外交官。

　　1901年，广田弘毅高中毕业后，考入东京帝国大学。在大学里，表现出色的广田弘毅受到山座圆次郎的"赏识"。

　　1903年暑假，他在山座的帮助下，获得去中国东北和朝鲜调查俄国动向

的机会。此次的所见所闻使他大受刺激。他认为，日俄之间存在不可避免的冲突；日本必须要先发制人，向沙俄发动突然袭击，才能占据优势。

1904年2月，日本突袭了旅顺口外的俄国舰队，挑起日俄战争。广田弘毅因其超凡的"见识"，被推荐当上了外务省的特约工作人员。

1906年，广田弘毅被外务省录用为候补外交官。

1907年，他被派往日本驻华使馆工作，这是他真正外交生涯的开始。

1909年，转赴日本驻英国使馆工作。

在此期间，日英双方调整了同盟条约，并签署了《日英通商条约》。

1913年，他奉调回国，任农商务省书记官兼通商局第一课课长。

1915年，日本向北京政府提出严重侵犯中国主权的"二十一条"，广田便是这一侵略性文件的起草人之一。

1919年，他再度出国，赴日本驻美国使馆工作。从此，广田弘毅的仕途出现了转机。他步步高升，先后担任外务省情报部次长，欧美局局长，日本驻荷兰大使。

1929年，作为日本代表出席第十次国际联盟大会。

1930年，出任驻苏联大使。此时，日本国内的法西斯势力日益强大，广田弘毅也得到升迁。

1933年9月，广田弘毅进入内阁，担任外相，虽然高唱"和平外交"，却支持日本政府和军方对中国的侵略，加紧从外交上挤压中国。这一时期，日方先后迫使中方订立《何梅协定》和《秦土协

广田弘毅

149

定》，并积极推动"华北自治运动"，图谋将华北从中国中央政府的统治下分离出去。

面对中国与英美等国关系的改善，日本横加干涉。1934年4月，日本外务省情报部长天羽英二发表谈话，声称中国如果利用其他国家排斥日本，实行以夷制夷的对外政策，日本不得已唯有加以打击。

1935年10月，广田提出了关于中日关系三原则，即"广田三原则"：

一是中国停止抗日活动，抛弃依赖英美政策，与日本合作。

二是中国要承认"满洲国"，借以促进华北与"满洲"的经济文化关系。

三是中国应与日本合作，"防俄""防共"。

"广田三原则"的实质是绞杀中国共产党领导的抗日民族解放运动。广田的对外侵略政策得到了军部法西斯的支持和信任。

10月21日，国民政府内政部长蒋作宾将中国方面的意见交给广田，其主要内容是：

一、中国向无以夷制夷之意。今后，为实现两国亲善关系，中国在与各国关系方面，不做排除或妨害日本之事。

二、对"满洲"不能进行政府间交涉，但对该地方现状，绝不通过和平以外之方法挑起事端，并将考虑保持关内外人民经济联系的方法。

三、中国关于防止赤化已做出最大努力，赤祸已处于无需忧虑之现状，关于在北部一带边界地区如何防范赤化问题，如日本完全实行以前中国方面提出之三原则，中国将在不损害中国主权与独立原则下，协商与此有关之有效方法。

从1935年9月初至11月底，广田弘毅多次与中方大使交涉施压；另一方面，日军在华北地区不断挑起事端，制造紧张气氛。

10月20日，日本特务策动了香河县汉奸暴动。

11月25日，日军又扶植成立了以汉奸殷汝耕为首的"冀东防共自治委员会"。关东军也不断地向平津地区增兵。

在日本的军事、外交双重威逼下，蒋介石从"攘外必先安内"的"大局"出发，采取了妥协、投降的政策。

11月底，蒋介石向日本驻华大使有吉明表示："对前述三原则，本人完全同意。"并于12月18日，组织成立了"冀察政务委员会"，以回应日本"华北政权特殊化"的要求。该委员会可以独立处理河北、山西、察哈尔以及平津的一切政务，实质上是一个半傀儡式的政府机构，通过它，日本政府达到了入侵华北的目的。

"冀察政务委员会"成立后，广田弘毅得寸进尺地要求国民政府承认日本在华北的既得利益。

1936年1月21日，广田弘毅要求驻华大使有吉明按《处理华北计划纲要》的要求，配合军部在华北五省建立"自治政府"的活动。

虽然对于"广田三原则"的正式承认问题由于11月1日汪精卫被刺事件暂被搁置，但从蒋介石个人的表态以及国民政府的实际行为上可见，广田弘毅的侵略目标实际上已基本达到。

推行侵华政策
犯下滔天罪行

　　1936年2月26日，日本右翼军人举行暴动。暴动平息后，首相冈田启介辞职，内阁其他所有大臣一道下台，唯有广田出任新一届内阁的总理大臣。从此，日本军事法西斯专制体制正式确立。

　　广田上台后，采取了一系列强化法西斯体制的措施。规定陆海军大臣必须由现役中将级以上的军人担任，加强了军部的力量，使内阁成为军部的工具。同时，他还加强了对国内人民的专制统治，如禁止纪念"五一"国际劳动节等。

　　不久，日本内阁便恢复了陆海军大臣现役武官制。这一将陆海军大臣的任职资格限定于现役将领的制度，使军部能在政府与军部意见不合时，以陆海军大臣辞职等办法使政府无法组成，只有下台。

　　广田新内阁不久便制订了确立扩张方向的《国策基准》，其确定的国策是"一方面确保帝国在东亚大陆的地位，另一方面向南方海洋发展"。为向中国扩张和准备南进，日本全面扩军备战。

　　陆海军分别制订了扩军五年计划和庞大的造舰计划，并在言论、产业等各方面加强了统制。可以说，在广田内阁时期，为战争而建立总动员体制的工作已经开始。

　　10月，广田内阁的藏相公开宣称，日本已进入"准战时体制"。

　　11月，日本与德国签订《反共产国际协定》，在防共的名义下与德国结成政治同盟。这一协定向建立国际法西斯同盟迈出了一大步。

　　推行侵华政策是日本历届内阁的重点，广田内阁也不例外。

　　1936年8月11日，广田内阁通过了《日本政府第二次处理华北纲要》，规定日本对华政策的目的在于保证华北的行政"独立"，建立反共亲日地区，取得必要的军需物资，还提出了具体实施步骤。由于日本对华侵略的步步加深，中日关系变得越来越紧张，从1936年9月15日以后，日本驻华大使川越茂与国民政府外交部长张群经过多次会谈，未达成任何协议。

　　1936年12月12日，西安事变发生。这次事变的发生及和平解决，结束了十年内战局面，抗日民族统一战线初步形成。广田内阁原来对华外交政策在巨大冲击之下，变得更加积极地促进侵略。日本军部酝酿已久的侵华战争正在紧锣密鼓地准备。

　　1936年12月8日，陆相寺内寿一就已经开始叫嚣："我们的协调精神和态度是有限度的。只要南京政府不放弃现在的反日排日思想，今后两国关系

发动西安事变的张学良杨虎城将军（蜡像）

的调整是困难的。我们有坚强的决心：今后帝国正当权益濒于危急，在华日侨生命财产受到威胁，将立即采取必要的措施。"

然而就在广田内阁受军部操控，积极准备发动战争扩大对外侵略的时候，向法西斯政权过渡的政府组织机构自己却出了问题。

由于广田弘毅内阁在执行军部的侵略计划时，并不太听话，广田弘毅并不是军部想要的能够发动大规模战争的强硬阁魁。1937年1月23日，广田内阁在政党与军部的尖锐对立下，迫于压力不得不提出总辞职。同年6月，广田出任第一次近卫内阁的外相。卢沟桥事件爆发后，广田参与了所有对华战争扩大化的决策，是日本推行全面侵华战争的主谋之一。

战争初期，德国驻华大使陶德曼曾在中日之间进行调停。但在日军攻占南京后，日本外务省方面提出了令中方难以接受的近似于投降的苛刻条件，实际上堵死了和谈的道路。陶德曼调停无果而终。

此后，日本政府发表了"不以国民政府为对手"的声明，关闭了与中国政府谈判的大门，中日战争走向长期化。

1938年，广田丢掉了外相职务，被宇垣一成取代。

1940年，广田出任米内光政内阁的参议，担当起顾问的角色。同年，参加了决定第二次近卫组阁的重臣会议，广田由此进入国家"重臣"之列。

直至日本战败为止，广田一直参与日本历届内阁的组阁工作，为日本国家最高统治集团的核心分子之一。对于日本扩大对中国的侵略、挑选东条英机担任首相和发动太平洋战争，广田都负有不可推卸的责任。

日本面临战败之时，广田曾与苏联驻日大使马立克秘密会谈，力图争取对日本有利的投降条件，但未能成功。

1945年12月，广田弘毅被驻日盟军逮捕。

1946年3月，远东国际军事法庭确定广田弘毅为甲级战犯。法庭认为：

广田弘毅在相当长的时期内，主持日本外交或参与日本外交决策，他对于日本侵略中国、日本与德国和意大利建立法西斯同

盟及挑起太平洋战争负有直接的重大责任。

另外，法庭的判决书指出，广田在日本政府内是一个极有能力的人物和强有力的指导者，"在他所任职的整个时期中，他对于军部及各届内阁所采用所实行的侵略计划，有时是设计者，有时是支持者"，"当从事谈判的时候，对于牺牲日本邻国所得来的或欲得的利益以及所期待的利益，是绝对不愿放弃的；如果不能用外交谈判满足日本的要求时，一向就赞成行使武力"。

判决书还指出，在发生南京大屠杀暴行的时候，身为外相的广田明知每天都进行着成千上万的杀人、强奸及其他暴行，但"没有在内阁会议上主张立即采取措施以停止暴行，以及他未采取其他任何可能的措施来停止暴行，这是他对本身义务的怠忽……他的怠忽已构成犯罪"。

因此，法庭判定广田犯有"破坏和平罪"和"违反战争法规惯例及违反人道罪"，并判处他绞刑。在远东国际军事法庭上，广田弘毅是7名被处以绞刑的甲级战犯中唯一的文官。

1948年12月23日凌晨，广田弘毅在巢鸭监狱内被处以绞刑，受到了应有的惩罚。

暴徒血证

第 二 次 世 界 大 战 主 要 枭 雄

大岛浩

　　日本陆军中将、外交官。在第二次世界大战前和第二次世界大战期间长期担任日本驻德国大使，他一直努力巩固日德关系，是德、日、意三国轴心形成的重要推动者之一。日本战败后，身为甲级战犯的大岛浩被押回日本受审，并被判处无期徒刑。1955年，大岛浩获假释出狱，1975年死于心脏病。

出任驻德武官
缔结《日德协定》

1886年4月19日，大岛浩生于岐阜县。其父大岛健一是军人出身，年轻时曾留学德国，对德军的训练教育感受很深，他生得鼻直口方，很是英武。

大岛健一教育儿子完全是德国式教育。他命令大岛浩每天必须记住10个德语单词，晚饭前进行背诵。每逢星期日和冬夏两个假期，大岛浩被送到德国驻日使馆人员的家里，在思维、游戏、生活等方面进行全方位式德式熏陶。

大岛浩和东条英机关系很好，如果不是因用功过度而患胸膜炎休学一年的话，他和东条英机就是同班同学。

1905年，大岛浩从陆军士官学校毕业。他的要塞炮兵课程成绩名列榜首，因此被分配到东京湾要塞炮兵队服役。

1908年，大岛浩晋升为中尉。

1915年，又拿到陆军大学的毕业证书，毕业成绩名列第十四。

1916年，升为上尉，从此步步高升，青云直上。

1921年，出任驻德大使馆副武官。

大岛浩踏上德国的土地之后，受到了像返回祖国般的热情款待。因为他的父亲大岛健一在担任陆军大臣时，对第一次世界大战中的德军俘虏非常照顾。父亲的行为使儿子得到了好处。

大岛浩把自己完全德国化了。他的军服都要在德国军官常去的服装店制作；帽子也是德国陆军的样式，帽檐儿很高；大衣也是开胸很大的德国式。总之，除了他的个头比较矮小之外，简直跟德国军官一模一样。

大岛浩晋升为少校后，立即于1933年调任驻奥地利兼匈牙利公使馆武官。一年半后回国，先后担任了第八野战重炮团营长、第十野炮重炮团团长、参谋本部处长等职。

1934年3月，他正式出任驻德大使馆武官。在之后10余年中，他一直为日德军事同盟而奔波，出谋划策，收集情报，极尽外交家兼谍报人员之能事。

20世纪30年代初期，日本到处疯咬，逐渐把自己逼上绝路。1931年，日本在

大岛浩

中国东北制造"满洲国事件"，使中国东北沦于日蹄之下。1933年，退出联合国；1934年，撕毁华盛顿海军裁军条约；1936年，退出伦敦裁军会议……

此时德国的情况也不怎么乐观，原因是与日本一个鼻子出气的纳粹集团同样是一只无药可救的疯狗。

1933年，希特勒建立纳粹政权后不久，就步日本之后尘于同年宣布退出联合国；1935年，希特勒使用人民投票的方法获得了泽尔地区，进而在冲垮凡尔赛体制的口号下，于1936年出兵莱茵非军事区，从而使德国也变成了国际社会中的狂人。

虽然日德两国所处的情况不同，但都反对现行的国际秩序，并因此在国际社会上双双陷入了孤立境地。

在此种情况下，两个臭味相投的国家一拍即合。尽管当时有不少日本外

交官指出日德军事协定的签署是一件凶多吉少的事，并指出"日本将来只能被德国所利用，不会有任何所得"。

在大岛浩即将前往德国赴任之际，陆军参谋本部特别要求他注意认真观察苏德关系的动向。

日本陆军认为，苏联不再是假想的敌人，已是现实的威胁。不言而喻，对于陆军来说，德国的对苏态度是极其重要的。陆军首先考虑的是，在日苏开战时，德国能否予以合作。

1935年春天，德国亨克尔飞机公司负责向日本陆海军出口工作的哈克试探地问大岛浩："不知贵国是否愿意与德国缔结德日军事合作条约共同对付苏联？"哈克接着又说："当然这是纳粹党外交部长里宾特洛普的个人想法。"

大岛浩听后大为心动。

同年10月，在里宾特洛普的要求下，大岛浩与其在哈克家里进行首次会见。两人详细密谈了关于缔结军事条约的事。随后，大岛浩立即拍电将此报告给参谋本部。

当时，大岛浩心意已定，为了牵制苏联，日德必须缔约。他说："日俄战争时，由于俄国与德国签订了协约，所以俄国毫无后顾之忧，把自己的王牌部队调到远东作战，使日军大吃苦头。

"第一次世界大战中，反过来由于日本对德宣战，又使俄国可以放心大胆地打起德国人来。因此，这次如果日德两国结为盟友，就会迫使苏联两面作战，它再想干预日本的对华政策也就不那么容易了。"

参谋本部收到大岛浩的报告后，为摸清德国方面的真实意图，于同年11月派陆战二部德国情报组组长若松前往柏林。若松在柏林逗留期间，曾与里宾特洛普和德国国防部长举行了会谈。在大岛浩的参与下，双方草拟出《防共协定》。

《日德防共协定》定于1936年11月25日签约生效。该协定还附有一份议定书和一份秘密协定。

　　《日德防共协定》缔结后的第三天，即11月28日，苏联负责外交工作的人民委员李季诺夫在苏维埃第八次全国代表大会上谴责了法西斯国家的反苏外交政策，强调指出："公布于众的防共协定不是什么为对付第三国际的协定；运用正确的语言表达，只不过是其他秘密协定的一种掩护而已。"

　　他说："这个秘密协定，充分暴露了过去15个月以来日本陆军武官与德国超级外交官之间所进行的会谈的真正目的。"

　　这就是说，苏联谍报机关业已探明，《日德防共协定》是日本陆军代表独断专行的产物，它将发展成为一个极其危险的因素。

　　当初日本外务省的想法是：应避免《防共协定》过分刺激英国和苏联，同时不要加入任何特定的政治集团。然而，事实上它已大大地刺激了苏联，英国也投来了不安的目光。

　　紧接着，意大利于1937年也在这个协定上签了字，至此，日、德、意三国开始走上结盟的道路。

依靠军部力量
晋升大使职位

1938年7月14日，日本驻意大利使馆武官有末精三突然接到大岛浩的电话，要求他在16日到布达佩斯的盖莱尔特饭店见一面。大岛浩没有告诉有末具体内容，只说到时再说。

到了指定日期的下午，有末精三坐在饭店的大厅里等待大岛浩时，还在反复猜想：他找我到底要干什么呢？

过了一会儿，大岛和参谋本部的笠原幸雄一起走进了大厅，笠原的腋下还紧紧夹着一个手提包。据传，笠原将山任驻柏林武官。因此有末精三想他们一定是来商讨对苏联秘密活动的。

大岛浩说："此番会晤的内容极为保密，为以防万一，我们还是换个地方吧。"

于是他们决定借日本驻匈牙利公使馆大使的私邸进行交谈。后来为谨防窃听，三人又跑到停放在有树林掩蔽的庭院中心的汽车里。

大岛浩沉稳地从手提包里取出一本30厘米宽的相册，然后揭下了几张照片给有末精三看。照片实际是密码。

大岛浩说："这是德国提出的有关日、德、意三国结盟的方案。这次的方案不是只针对苏联，而是对各国而言的。主要意思是，当任何一方受到第三国进攻时，三个国家要互相支援，包括武力援助。事关重大，不便发电。所以，决定请笠原君亲自带回东京。你看这个方案任何？"

有末精三回答说："意大利和德、日两国的情况不同，恐怕其国内形势使之难以同意加盟。"

大岛浩边听边说："里宾特洛普说，戈林元帅和墨索里尼总理是老交情了，没有什么问题？"最后，大岛浩还叮嘱道："此事不宜外传。"

"但，对大使……"有末精三嗫嚅地刚要发话，就被大岛浩打断："这是军事机密。"并强调道，"同国内的一切交涉都要通过我。"

为加强日、德、意三国的合作，早在1938年1月，刚刚就任德国政府外交部长的里宾特洛普就与大岛浩开始了磋商。这次也和签订《防共协定》时一样，驻德大使东乡茂德完全被蒙在鼓里，这在外交上是不允许的。

这里面的原因是东乡茂德在担任欧美局局长时，曾就签订《日德防共协定》表示过反对。他说："希特勒的过激行动终将成为引起欧洲乃至世界大乱的根源，因此日本与之结盟并非上策。"所以里宾特洛普肯定对他甚为不满，而想通过大岛浩来做日本陆军的工作。

1938年7月，驻德大使馆一等秘书昌谷忠宝获悉，笠原在柏林的逗留是为了与德方磋商加强日、德、意三国合作的问题，于是马上报告了东乡大使。东乡闻之大为震惊。

8月中旬，当东乡了解到谈判业已获得相当进展时，立即电告了外务省："三国同盟很可能起到诱发欧洲战争的坏作用，最后日本也会被牵连进去，因而应取消结盟谈判。"

大岛浩

但是，就任外相不久的宇恒一成却回电说："关于加强《防共协定》问题，业已决定由陆军武官大岛浩同里宾特洛普进行联系磋商。"

东乡茂德不服，第二次拍电："委托陆军武官处理军事以外工作是很不妥当的。这有悖于外交一元化原则。"

几天之后，东乡便被调往莫斯科。大岛浩的谍报奇才运用到了自己人身上，东乡被排挤出去，德国成了大岛浩独来独往的场所。

10月，大岛浩直接由武官升为大使，这在日本外交史上尚属首例。

同时，日本老轴心外交促进派白鸟敏夫被任命为驻意大使。日、德、意三国结盟的步伐更加加快了。

在白鸟临行之际，当时的首相近卫鼓励他说："到任之后，希望你与大岛大使合作，在那里不断为鼓舞国内士气而努力。"

很显然，"鼓舞国内士气"指的就是加强情报活动。

对于加强日、德、意三国合作问题，近卫内阁及其后来的平沼内阁，态度都极为暧昧。之所以如此，完全与信仰日、德、意轴心主义的少壮军官拥戴上台的陆军大臣板垣征四郎有关。

在五大臣中，即总理大臣、大藏大臣、外务大臣、陆军大臣、海军大臣，板垣征四郎有着绝对的影响，这就使得应起主导作用的总理大臣一味退让；而应坚持外交原则的外务省也立场不稳、态度暧昧。

1938年8月12日，外务省向五大臣会议提出关于日德谈判方案，明明白白地把缔约的目的限定在苏联一国的范围内，可29日参谋本部拍给大岛的电报却含糊其词地说："（条约）矛头虽针对苏联，但不要给人印象，似乎英美等国也列为我正面之敌。"

11月11日，五大臣会议又一致通过决议："本协定的矛头主要针对苏联，即使英法等国站在苏联一边，变成我们的敌人，也不要以英法等国为对象。"

12月25日，大岛浩表示反对这一决定。他说："倘若矛头直针对苏联，三国协定则难以谈判成功。"由于陆军大臣板垣支持大岛浩，使近卫内阁意

见分歧。结果一个月后，还没来得及给大岛浩拍发回电，近卫内阁便宣布倒台。

1939年1月4日，平沼内阁诞生。

19日，召开五大臣会议，终于达成一个妥协方案：条约矛头固然应该主要针对苏联，但也可以根据情况指向第三国。然而大岛浩依然对此方案表示反对。

他在3月4日的回电中说："谈判时若提出如此建议，只会招致德意的轻蔑。"他主张无保留、无条件地实现三国同盟。

大岛浩这一偏执态度激怒了政府首脑。宫内大臣汤浅仓平申诉参谋次长中岛铁藏说："大岛浩的态度简直岂有此理！可以说，他已经侵犯了陛下的外交大权。"海军大臣米内光政则提出罢免大岛浩。

尽管如此，大岛浩依然我行我素。他若无其事地说："倘若不能组成军事同盟，我就辞职，如果我辞了职，内阁恐怕就难免倒台。"

大岛浩之所以如此盛气凌人，是因为他虽然身为大使，却不是与外务省，而是与参谋本部串通一气。

外务大臣抱怨说："大岛大使与参谋本部之间有什么电报来往，外务省一无所知。相反，外务省的电文却马上被日本陆海军获取，然后从中挑毛病，进行攻击。"

大岛浩和白鸟等人依仗陆军的支持，滥施军人外交。4月2日和3日，他们分别会见了德国的里宾特洛普外长和意大利的齐亚诺外长，他们明确表示：一旦欧洲爆发战争，日本一定参战。大岛浩终于将日本推向了法西斯的碾盘之上。

然而大岛浩万万没有料到，德国却在暗地里跟日本人玩花招。里宾特洛普一面叫嚷着与日意结成神圣同盟，一面暗暗与苏联的莫洛托夫多次举行了苏德秘密会谈。

1938年，德国吞并奥地利；1939年，又肢解了捷克斯洛伐克。为了满足其急剧膨胀的贪欲，它的下一个目标便是波兰。

精明的大岛浩却对此一无所知。这不能不说是对他的一大讽刺。然而，德国的这一举动却引起英法等国的警惕，使得英法对德的态度强硬起来，并想通过与苏联结盟，孤立德国。

德国也想到了这一点，选择苏联作为靠山或盟友以对付英法。这使苏联处在一种既可选择英法为友，又可选择德国为友的地位上。而日本，对此毫无察觉。

1939年8月23日，苏德签订了互不侵犯条约及其附件秘密协定。

由于德国突然与日德共同的假想敌苏联签订了互不侵犯条约，使日本政府和陆军的处境极为尴尬。

8月28日，平沼内阁留下一份"欧洲局势复杂莫测"的声明后，便宣告了总辞职。

大岛浩确切得知苏德签约的消息是在8月21日夜里23时。里宾特洛普打电话告诉大岛浩苏德将要缔约时，大岛浩大吃一惊，这种通告简直是突然袭击。

里宾特洛普（左）、莫洛托夫（右）和斯大林（中）在一起

　　大岛浩一面向里宾特洛普提出抗议，一面连夜叩响德国副外长巴伊图泽卡的家门，要求对方说明事情的原委。

　　8月22日傍晚，里宾特洛普正要启程前往莫斯科，大岛浩在柏林机场截住了他，再次提出了强烈抗议。

　　里宾特洛普狡猾地回答说："因为日本外务省常常走漏消息，考虑到你的立场，所以我才没有告诉你。"说完，里宾特洛普登上了前往莫斯科的班机，留下了怅然的大岛浩茕立在柏林机场。

　　12月1日，大岛浩疲惫不堪地奉命回国……

　　1945年12月16日，大岛浩被捕并因战争罪而遭起诉。在远东国际军事法庭的审判中，他因参与谋划侵略战争而被判处终身监禁。

　　1955年年底，大岛浩得到假释。1958年得到赦免。

　　1975年6月6日，大岛浩死于心脏病，终年89岁。

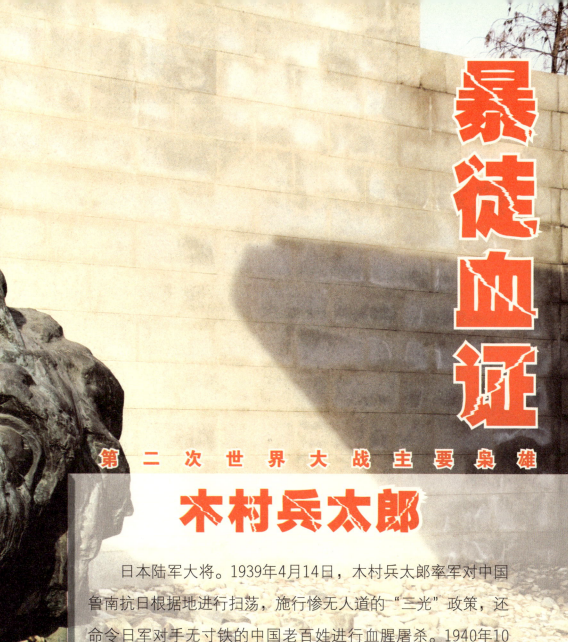

暴徒血证

第二次世界大战主要枭雄

木村兵太郎

日本陆军大将。1939年4月14日，木村兵太郎率军对中国鲁南抗日根据地进行扫荡，施行惨无人道的"三光"政策，还命令日军对手无寸铁的中国老百姓进行血腥屠杀。1940年10月，调任关东军参谋长。1944年8月30日，调任驻缅甸方面军司令官，一手制造了仰光大屠杀血案，并因此得到"缅甸屠夫"的恶名。日本战败后，被远东国际军事法庭判处绞刑。

执掌陆军大印
疯狂筹划战争

木村兵太郎是日本埼玉县人，1888年9月出生，毕业于陆军士官学校和陆军大学，历任参谋本部部员、驻德国大使馆武官、陆军大学教官等职。

1929年伦敦裁军会议时，他作为随员参加了会议，当时就积极主张摆脱西方国家对日本的约束，鼓吹自主发展军备。

"九一八"事变爆发后，木村先后任野炮第二十二联队联队长、整备局统制课长、兵器局长、第三十二师团师团长等职，1940年，升任关东军参谋长。

是时，由关东军挑起的诺门罕战役刚刚结束，日本中央军部迁怒遭受重挫的关东军，由梅津美治郎和木村兵太郎接替关东军司令官和参谋长职务。木村上任后，继续坚持陆军派的强硬立场，积极酝酿关东军特别大演习，筹划对苏开战。

1940年7月，东条英机就任近卫内阁的陆军大臣，上任伊始就暴露出实施军事独裁、发动更大战争的野心，积极拉拢和拼凑自己的亲信班底。

时为陆军大将的木村兵太郎成为东条的首选对象，被推举为陆军省次长。从这时开始，木村作为东条最为信赖的部属之一，伙同东条等人把战火烧向太平洋战场。

1941年10月，近卫内阁宣布总辞职，东条英机趁机登台组阁，不仅出任内阁总理大臣，还身兼陆军、军需、内务大臣等职，木村兵太郎虽然仍居陆军省次长之职，但实际上与军务局长武藤章共同执掌起陆军省的大印，为东条内阁发动更大的军事冒险筹划一切。

170

　　10月24日，东条内阁主持召开大本营联席会议，按照陆军省提出的计划，全面部署了对美开战的一切事宜。会后，南方陆军部队迅速向作战地点集结，海军也以鹿儿岛为模拟作战场所，终日进行袭击珍珠港的作战演习。

　　在这一系列的军事部署中，木村是具体的策划者和指导者。

　　11月5日，御前会议召开，最后批准了木村等人提出的陆军省对美、英、荷作战计划，决定于12月初正式宣战。

木村兵太郎

参与侵略战争
屠杀抗日军民

　　1939年3月9日，木村兵太郎被任命为日本侵略军第三十二师团师团长，从此他开始步入了职业军阀生涯，开始了对中国人民生命的践踏。木村兵太郎上任后不久，就立即准备对中国山东抗日根据地进行疯狂扫荡。

　　4月14日，木村兵太郎率领8000多名日军对鲁南抗日根据地进行扫荡，在他率队"出征"前对部队下达命令，要不惜一切代价全歼八路军及根据地，还要施行"三光"政策。

　　但是，当日本侵略军进入根据地后就遭到了八路军第一一五师的游击战的重创，气急败坏的木村兵太郎便命令日军士兵对手无寸铁的中国老百姓进行血腥屠杀，并将2000多名老百姓关押在新华院集中营做苦工。

　　从此，这座新华院集中营就成了中国劳工的"阎王殿"，很多山东劳工在被掳掠至日本和东北的伪满洲国之前，都会被送到新华院集中营进行"训练"。每一个被送到这里的劳工，每天都会被抽出200毫升的血，日军欺骗劳工们说是做化验，其实是供日军伤员输血，有很多人都因抽血过多而致死。有些反抗者会被严刑拷打，甚至被放出的狼狗撕咬。

　　集中营的墙上围着高压电网，很多逃跑的劳工都被电死在上面，而被抓回来的，也会被日军使用极其残忍的手段杀害。

　　死去劳工的尸体会被剥去衣物，用车拉到济南西郊的"万人坑"。济南的这座"万人坑"不过是日本侵略者在中国制造的无数"万人坑"其中很小的一座而已。

　　木村兵太郎命令伪满洲国的关东军将劳工送到矿区，并且命令劳工们在

矿山附近挖"万人坑"，因疾病、矿区事故、劳累等各种原因死去的劳工就被埋在这些"万人坑"里。在吉林、辽宁、山西等地都有很多座埋着成千上万中国劳工尸体的"万人坑"。

木村兵太郎不仅在中国欠下累累血债，在日本侵略军入侵东南亚国家时，也率领着日军在东南亚犯下滔天罪行。

太平洋战争打响后，日本陆军相继占领了新加坡、菲律宾等地，1942年5月，又占领了缅甸。翌年8月，日本政府假惺惺地宣布承认缅甸"独立"，并在仰光设立日本驻缅甸大使馆。事实上，日本侵略军从占领东南亚及太平洋地域的第一天起，就露出凶残和贪婪面目，疯狂掠夺这里的资源，残酷镇压和屠杀当地民众，妄图以血与火维持殖民统治秩序。

其中，有被称作"巴丹死亡行军"的虐待英美战俘的恶举；有在新加坡、马来西亚等地疯狂"大检举""大逮捕"，屠杀无辜平民的暴行。

特别是从1942年11月至1943年10月间，日本占领军为了修筑泰缅铁路，强迫数十万英美军战俘和劳工在极端恶劣的环境下服苦役，先后有一两万名战俘和25万名劳工悲惨死去……这一切都是木村担任陆军省次长期间，日本军队在各地犯下的战争罪行，除陆军大臣负有责任外，木村也难辞其咎。

1944年7月，东条内阁被迫总辞职后，木村兵太郎出任缅甸派遣军总司令，木村上任以后，立即制订了3个作战方案：一是试图切断中印之间的地面联络；二是攻击曼德勒及伊洛瓦底江畔；三是抗击印度洋沿岸登陆的美英部队。

10月，木村兵太郎指挥驻缅日军大举向中国远征军发起进攻，但是在中国远征军的猛烈打击下，日军丢盔卸甲，四下逃窜。受到如此惨败，木村兵太郎在日军大本营前丢尽脸面，于是将一肚子的火气撒在了缅甸老百姓和俘虏的身上，命令部下对他们进行虐待与屠杀，一手制造了仰光大屠杀。

在战后接受审判时，木村兵太郎被揭发，在缅甸战争挫败后向部下下达了屠杀的命令，对部下樱井省三说日军损失多少士兵就两倍于这个数字的去

🔺 日军虐待中国劳工（浮雕）

屠杀缅甸百姓。当时，日军损兵6300多人。被杀的战俘中有中国的士兵，也有英美军队的士兵。从此，这个杀人魔头得到了"缅甸屠夫"的恶名。

此外，他对日本军队的残虐行为继续采取放纵的态度，甚至强征30余万名印度尼西亚壮丁充当"兵补"，驱赶他们到缅甸和新几内亚作战。

当时，随着日本海军联合舰队的崩溃，日军在东南亚各个战场也呈现出不可挽救的颓势。木村拼命组织军队固守阵地，力图扭转败局。不论木村兵太郎如何挣扎，也不能改变日本军国主义最终战败的命运。

至1945年年初，中美和英印联军逼近仰光，木村面临着岌岌可危的态势。4月23日，木村丢下部属和军队，只率几名随从乘侦察机仓皇逃出仰光，

日本在缅甸等地的殖民统治宣布崩溃。

日本宣布无条件投降后，美国占领当局以木村参与和策划对美、英发动的侵略战争而将其列为A级战犯嫌疑人。

在远东国际军事法庭上，木村兵太郎百般抵赖，法官们想出了一个办法，让木村兵太郎和其他几名战犯互相揭发。于是东条英机、木村兵太郎、板垣征四郎、铃木贞一、星野直树几人被同时带上了法庭。

这些战犯在单独受审时都各个拒不交代，但是法官们的这一招让这些战争罪人一下都露出了老底。自己的罪行是不想承认，但揭发起别人来倒是个个起劲，再加上犯罪事实证据确凿，到最后，每个人都无从抵赖。

1948年11月12日，木村兵太郎被远东国际军事法庭判定犯有"共同谋议侵略战争罪"，对中国的侵略战争罪，对美国的侵略战争罪，对英国的侵略战争罪，对荷兰的侵略战争罪，以及"违反国际法的战争犯罪"等共计7项罪名，被判处绞刑。

1948年12月23日凌晨，木村兵太郎在东京巢鸭监狱被执行绞刑，受到了应有的惩罚。

遇难者 300000

遭難者	300,000	
피해자	300	천
Жертвы	300 тысяч	
Vítimas	três cem mil	
Vittime	trecento mila	
Θύματα	τριακόσιες χιλιάδες	
Víctimas	trescientos miles	
Victim...	...	
Opfer	drei hundert tausend	
Victims	three ...ousand	

暴徒血证

第二次世界大战主要枭雄

武藤章

　　日本陆军中将，侵华战争中扩大派的代表人物。1937年12月13日，南京陷落。当时武藤章以华中方面军副参谋长的身份，纵容日军烧杀奸掠，导致了举世震惊的南京大屠杀惨案。1942年4月，在突破苏门答腊的荷军防线时，他的师团屠杀了25万荷军俘虏和当地的印尼平民。1944年，他又放纵日军进行了马尼拉大屠杀。1948年11月4日，远东国际军事法庭对其判处绞刑。

进攻南京
血腥屠杀中国平民

　　武藤章，1892年12月生于日本熊本县，1920年毕业于日本陆军大学。其后，他先在日本陆军教育总监部工作，后调入陆军参谋本部第二部，负责收集国际情报。

　　1933年，武藤章奉命到中国中部和南部收集情报。

　　1934年，调赴东京步兵第一联队。

　　1936年，重被调到中国，任关东军参谋部第二课课长。

　　收集情报为武藤章所擅长，经他整理的情报和实地调查报告对日本侵略中国发挥了不少作用。1936年，他晋级为大佐。

　　关东军侵略东北期间，为了达到分裂中国并侵占绥远的目的，策划了德王成立伪蒙古军政府事件，但因中国军队傅作义部发动绥远抗战，德王失败。武藤章参与了绥远事件的全部过程，并出面善后，指挥德王后撤以保存实力。

　　1937年，武藤章调任参谋部第三课课长，负责制订作战计划、建立兵站、组织兵员等。

　　7月7日，以卢沟桥事变为标志，日本发动了全面侵华战争。这对于武藤章来说，如同服了兴奋剂。他迫不及待地打电话给时任关东军参谋部第二课课长的河边虎四郎大佐说："愉快的事情发生了！"

　　但战争开始后，日本陆军参谋本部出现了战争指导方面的意见分歧，发生了"扩大派"与"不扩大派"之争。

　　所谓"不扩大派"，只不过是从"北进"的战略考虑，希望有更多的兵

力，以备将来向苏联开战，因而希望把对中国的侵略暂时限定在一定区域。

而"扩大派"则是从"南进"的战略考虑，希望以速战速决占领全部中国，继而向太平洋地区扩张。

武藤章是"扩大派"主要成员，坚决主张立即扩大侵华战争，不仅向华北，同时向青岛和上海出兵。最后，武藤章等人的意见占了上风，日本的侵略战火很快在中国大地蔓延。武藤章也因提出扩大侵华战争计划，得到参谋本部的赏识，破例让其赴皇宫晋谒天皇。

武藤章不仅提出扩大侵华战争的主张，而且身体力行，成为扩大侵华战争的先锋。"八一三"事变后日军进攻上海，但遭到了中国军队的顽强抵抗，并未达到速战速决的目标。

于是，武藤章又提出派兵在杭州湾登陆的建议。他的建议得到采纳后，日军攻占上海的计划得逞。

因献策有功，他被任命为华中方面军副参谋长。武藤章就任新职后，又提出立即进攻南京的建议。

12月1日，日本大本营采纳了他的建议后下达进攻南京的命令。

12月13日，日军占领南京，随之而来的是30万中国同胞惨遭杀害的灾难，武藤章是制造这场灾难的罪魁祸首之一。

12月17日，华中方面军为庆祝日军占领南京，在一片血泊中举行入城式，武藤章紧跟在骑马的松井石根后面，乘汽车抵达南京中山

武藤章

门外，又陪同松井石根，自中山门至国民政府官邸，检阅列于两旁的侵略部队。

当时武藤章以华中方面军副参谋长的身份，负责日军在南京地区的宿营安排。

武藤章宣布南京城外宿营地不足，日军官兵可以在南京市内随意选择宿营地。这一声令下，犹如打开了野兽的牢笼，日军冲向南京城内的大街小巷，看到男人就杀，看到妇女就强奸，看到财物就抢夺，导致了举世震惊的南京大屠杀惨案。

1938年7月，武藤章调任华北方面军副参谋长，又开始了他在华北地区的屠戮罪行。

同年10月，他因不断策划扩大侵华战争而受到日本统治者赏识，晋升为少将。

在华北期间，武藤章参与指挥了对晋察冀抗日根据地的围攻作战，对冀中进行5次大"扫荡"。凭着对中国人民血腥屠杀的"战功"，1939年他又升任日本陆军省军务局长。

挑战英美霸权
策划太平洋战争

在担任陆军省军务局长期间，武藤章又积极参与了太平洋战争的策划。

在战后远东国际军事法庭上，美国公诉人基南控诉武藤章是推动日本向美英开战的元凶。

武藤章辩解说，他在当时并无决策权。而基南引用大量文件，证明在日军偷袭珍珠港前的半年多时间里，召开过几十次会议讨论对美开战问题，武藤章每次都到会鼓吹对美开战，并参与制订了《关于促进南方施策的方案》。

如田中隆吉证实：

1941年11月25日，美国国务卿赫尔曾对日本发出最后通牒。

4天后的29日，武藤章局长就断然拒绝说："假如日本接受这项要求，那日本必将成为赤贫而毁灭，所以无论如何也要出之一战。"

1942年，武藤章晋升为中将，调任近卫师团师团长，率军入侵菲律宾；1944年，调任第十四方面军参谋长。在侵略东南亚期间，武藤章又犯下屠杀东南亚人民和盟军战俘的罪行。

在战后国际军事法庭上，中国公诉人以确凿证据提出：

在武藤章被任命为日本驻北苏门答腊帝国近卫军司令官之

后，凡是由其军队占领的地区，就都有最残酷的暴行发生，武藤章对此负有责任。

战俘和被拘禁人员遭受的是饥饿、有病有伤不予医治、刑讯拷打和任意杀戮，而对待平民百姓则采取灭绝政策。

尽管武藤章仍为自己的罪行百般辩护，远东国际军事法庭依然认定：

他在菲律宾任参谋长期间，日本军队正在对平民搞大批杀害、刑讯和其他暴行活动，对待战俘和被拘禁人员则是用饥饿、刑讯折磨他们，或把他们杀掉。武藤章对此等令人发指的违反战争法规的行为负有责任。

❤ 日军入侵东南亚（日本画）

上述事实表明，武藤章自参加日本军队之后，一直为日本的侵略扩张政策服务，并积极鼓吹扩大侵华战争，在侵华战争和太平洋战争中犯下了不可饶恕的罪行。

1948年11月4日，远东国际军事法庭判定武藤章为甲级战犯，宣判对其处以绞刑。

12月21日，武藤章接到了两天后执行死刑的通知。彻底绝望的武藤章回到牢房后，写了一首绝命俳句：

霜夜时，横下铁心，出门去。尘世间，妻儿固可恋；壮士豪杰，岂可苟且偷生。

从这首诗中，看不出武藤章对发动战争的反思悔过，反而是一副誓死不屈、死不悔改的模样。

12月23日零点，武藤章被送上绞刑架，在绞架前他仍然和另外三人大喊："天皇陛下万万岁！"

零点10分，这个顽固的法西斯侵略战犯终于得到应有的下场。

暴徒血证

第二次世界大战主要枭雄

小矶国昭

　　日本第四十一届首相，陆军大将，是积极策划发动侵略中国，实行侵略战争的罪魁祸首。1942年，出任朝鲜总督，在朝鲜推行奴化教育，宣传朝鲜人与日本人同根同族，愚弄朝鲜民众，血腥镇压朝鲜人民的抗日活动。第二次世界大战后，他在远东国际军事法庭接受审判，被判处无期徒刑。1950年在狱中结束罪恶的一生。

策划阴谋活动
挑起侵华战争

　　小矶国昭，1880年3月生于日本山形县宇都宫市。先后就读于日本陆军士官学校和陆军大学，参加过争夺中国权益的日俄战争。先后出任关东都督府参谋、参谋本部中国班班长、海参崴及伯力特务机关长、步兵第五十一联队联队长、参谋本部课长、航空本部总务部长、陆军省整备局长、军务局长、陆军省次官、关东军参谋长、朝鲜军司令官等职。

　　从军队退役后先后任平沼内阁拓务大臣、米内内阁拓务大臣、朝鲜总督，1944年7月出任内阁总理大臣。

　　他的升迁经历与他参加侵略战争经历密切相关。早在关东都督府任职期间，小矶国昭就提出了加强日本对中国东北统治的重要建议，受到田中义一

▼ 侵入中国的日本部队

(出任日本首相后主持"东方会议",提出首先占领中国东北、继而灭亡中国的侵略政策)的赏识。

华盛顿裁军会议召开后,小矶国昭主张以强硬方式对外扩张。1931年,时任军务局长的小矶国昭参与了法西斯军人政变阴谋活动,企图建立军部独裁政权,为发动侵华战争进行准备。虽然这次政变没有成功,但日本法西斯势力急剧膨胀。

"九一八"事变发生后的第二天早上,小矶国昭就在陆军会议上挑动说:"将校们对于'满洲'的排日、侮日活动和侵犯日本帝国既得权益的情况甚感愤慨,已陷入无法抑制的状态。关东军此次的果敢行动,完全是合理和正当的行动。应当全面地支

小矶国昭

持关东军的这次行动,为彻底解决'满洲'问题而向前果敢地迈进!"

在小矶国昭的怂恿下,会议决定立即派兵增援关东军。"九一八"事变是关东军预谋引发的,战后已经由关东军当事人招认,小矶国昭说的完全是一派谎言,目的就是为了挑起日本对中国东北的侵略。他的阴谋得逞了。

1931年9月21日,日本驻朝鲜军越境侵入中国东北后,小矶国昭要求日本首相承认"既成事实",予以"事后追认"。

9月23日,日本陆军次官杉山元、参谋次长二宫治重、军务局局长小矶、

侵华日军毒打中国百姓（蜡像）

荒木贞夫本部长四人会谈，决定了关东军的军事占领范围，即包括热河在内的整个中国东北。关东军秉承其旨意在进入10月份后，攻势更加猛烈。

12月，小矶国昭升任陆军省次官。但他是属于宇垣一成、南次郎这一派的人，受到时任陆军大臣的皇道派领袖荒木贞夫的排挤。后被调出陆军省到关东军任参谋长，辅佐武藤信义，他和副总参谋长冈村宁次一起替武藤出谋划策，制定了以突出军事讨伐和占领的政策，以图尽快在东北各地建立殖民统治秩序。

1932年，小矶国昭以陆军次官身份出任关东军参谋长。他到任后立即制订了一系列对东北进行全面殖民统治的措施，并且以抗日义勇军为主要目标，制订了"讨伐"计划。

其后，关东军在东北各地疯狂镇压中国抗日武装，残酷屠杀东北各族人民，并从东北掠夺了大量财产和物资，对中国人民犯下了不可饶恕的罪行。

1933年1月，在小矶国昭等人的策划下，关东军开始进攻热河。占领热河后，小矶国昭又命令关东军向长城一线进攻。

5月，关东军越过长城侵入怀柔、密云、平谷等地。小矶国昭主张继续进攻，一举占领北平和天津。最后，因国民政府与关东军签订《塘沽协定》，实质上迫使中国政府承认了以长城与伪满洲国划界，关东军停止了进攻。但日军势力从此向华北渗透，这就为以后在平津地区发起全面侵华战争准备了条件。

小矶国昭还积极执行日本政府的移民政策。1932年10月，首批在乡军人500余名开赴佳木斯，成为日本武装移民的开端。小矶国昭还把日本的法西斯组织"正义团"引进中国东北，充当迫害中国人民的工具和帮凶。

1934年，小矶国昭出任日军第五师团师团长；1935晋升为大将，出任朝鲜军司令官，被称为"朝鲜之虎"。

1937年卢沟桥事变爆发后，小矶国昭积极支持日本进行全面的侵华战争。11月1日晋升陆军大将。

暴徒
血证

沦为巢鸭罪犯
接受军事审判

　　1938年，小矶国昭退役，先后任平沼内阁和米内内阁的拓务大臣。1942年出任朝鲜总督。小矶国昭长期在朝鲜推行奴化教育，宣传朝鲜人与日本人同根同族，愚弄朝鲜民众，血腥镇压朝鲜人民的抗日活动。1944年7月，东条英机内阁下台，小矶国昭组阁出任首相。

　　这时，日本在战争中已经处于劣势，但是担任首相的小矶国昭不甘心日本军国主义的失败，认为"还不能断定最后一战无获胜的希望"，继续推行战争政策。

　　战局的发展并未如其所愿，战争几乎消耗了日本所有国力，不仅生产武器的物质资源枯竭，而且兵源也已耗尽。日本已经没有任何取得战争胜利的可能了。

　　在这样的情况下，小矶国昭幻想日军打一次胜仗后，"抓住时机进行和平停战谈判"。

　　为了挽救战局，小矶国昭还着意加强内阁与统帅部的联系，设置了以首相、陆首、海相、参谋总长、军令部总长、外相等组成的"最高战争指导会议"，代替原来的大本营、政府联席会议，目的是为了使内阁与军部协调，以利对战争的指导。

　　在天皇亲自参加的最高战争指导会议上，小矶国昭内阁提出指导战争的基本方针是：

彻底集结现有战力和国力以击败敌人；完成战争；实施彻底

190

的对外政策，促使世界战局的好转。

在此战争方针指导下，小矶国昭寄希望于在菲律宾发起的代号为"天王山"的决战。然而，由于日军在菲律宾海战和台湾海域空战中不断遭到打击，"天王山"决战并未实现。

军事上的失败促使小矶国昭开始考虑用外交方式收拾战争残局。

1945年2月，小矶国昭征求了外相重光葵的意见，并与陆、海两相协商后，决定召汪伪政府的缪斌到东京，企图通过缪斌与重庆国民政府取得联系，继而由重庆国民政府和苏联调解，结束战争。

3月，小矶国昭在东京会见了缪斌，但这项工作没有取得任何成效。

4月，苏联通知日本，不延长《苏日中立条约》。军事上的失败与外交上的受挫，迫使小矶国昭内阁下台。这时，离日本的彻底失败已经为期不远了。

战后，小矶国昭作为甲级战犯，被远东国际军事法庭判处无期徒刑。

1950年11月3日，这个因侵略战争而升迁的日本陆军大将和前内阁首相，因病死于日本东京巢鸭监狱。

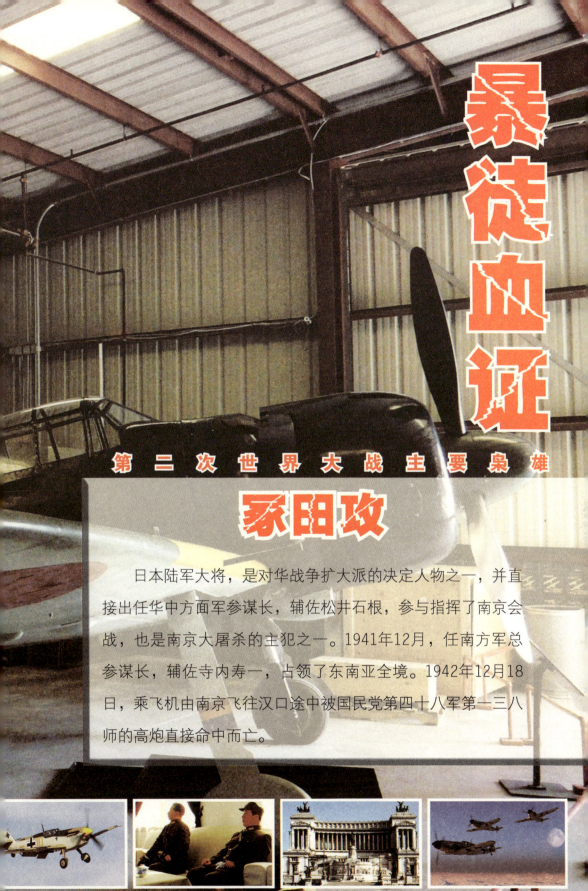

暴徒血证

第二次世界大战主要枭雄

冢田攻

日本陆军大将，是对华战争扩大派的决定人物之一，并直接出任华中方面军参谋长，辅佐松井石根，参与指挥了南京会战，也是南京大屠杀的主犯之一。1941年12月，任南方军总参谋长，辅佐寺内寿一，占领了东南亚全境。1942年12月18日，乘飞机由南京飞往汉口途中被国民党第四十八军第一三八师的高炮直接命中而亡。

参与侵华战争
屠杀中国人民

冢田攻，日本茨城县人，1886年7月生，日本陆军士官学校第十九期步科及陆军大学毕业，曾任日军参谋本部科员、欧美科长，陆军大学研究部主事兼兵学教官，驻德国大使馆武官等职。

第一次世界大战后留学德国，执贽鲁登道夫之门，曾称德国第一次世界大战失败之原因，"主由国防上政府不肯依照军部之要求与以充分之满足，故卒为敌所乘"。

20世纪30年代，日本军事预算无限膨胀，实为此种思想所促成，冢田攻是为之极力鼓噪者。

1933年8月，冢田攻出任关东军参谋长。1935年11月，升任日军参谋本部第三部少将部长。在日军参谋本部，冢田攻与山下奉文同被称为"负荷日本新陆军之双璧"。

1937年，与石原莞尔、町尻量基、石本寅三、田中新一、秦彦三郎等人共同反对宇垣一成执政，致宇垣内阁因此流产。

"八一三"上海战事发生后，作为日军上海派遣军司令官松井石根的副手，指挥日军第十军的杭州湾登陆，参与进攻上海和南京，是南京大屠杀的策划者和指挥者之一。

1937年10月，冢田攻任日军华中方面军参谋长。10月23日，秘密离开日本，随第十军开赴杭州湾前线。

新组建的第十军及第十六师团，不仅是进攻上海的生力军，而且作为华中方面军的重要组成部分，还是未来进攻南京最重要的部队。

1937年9月25日，是所有南京市民、所有中国人都无法忘却的日子。自8月15日开始，日军不断袭击南京，而9月25日这一天最为血腥。据《日本海军第二联合航空队战斗详报》记载：

> 由崎长大尉指挥的第九次空袭部队，在'加贺号'舰载战斗机4架以及第八战队水上侦察机6架的掩护下，于25日下午1时55分左右对南京进行了空袭，投下500公斤炸弹1枚、300公斤炸弹1枚、250公斤炸弹15枚、60公斤炸弹33枚。除了轰炸中央广播电台、财政部以外，还对其东面的军医司、船政厂附近进行了轰炸。

11月5日，第十军在杭州湾北岸登陆的军事阴谋终于实施，日军开始了对南京长达8年的残忍蹂躏。而在南京大屠杀中死去的30万人，都是这个华中

南京下关江边被日军屠杀的中国人的尸体堆积如山

南京大屠杀（雕塑）

方面军参谋长冢田攻手下的冤魂。

11月12日，日军占领了上海，并进一步向昆山—嘉兴一线追击。12月1日，裕仁天皇下达"攻击敌国首都南京"的"敕令"。与此同时，日华中方面军司令部立即行动，松井石根、冢田攻向全军正式颁布了进攻南京的作战计划和兵力部署命令。

除第一〇一师团留守上海一线外，华中方面军所辖两个军的全部兵力都投入到进攻南京的战役中去。12月13日晚22时，日上海派遣军发布日军完全占领南京的第一份战报："我进攻南京城的军队已于今天傍晚占领了该城。"

南京沦陷，大屠杀由此开始。在南京城东的中山门，当时的日本《东京日日新闻》特派记者铃木二郎亲眼目睹了日军残酷屠杀中国被俘官兵的恐怖情景。

他在《我目睹了那次南京的悲剧》中写道：

> 在那里，我第一次遇上毫无人性的大屠杀，在25米高的城墙上站着排成一列的俘虏，他们一个接一个被刺刀捅落到城外。鲜血溅向空中，这情景阴森可怕，看着这情景，我久久茫然呆立在那里。

日军第六师团的一位小队长高城守一于1937年12月14日在下关长江边看到的情景是：

> 在汀线，尸体像漂流的木头被浪冲了下来；在岸边重叠堆积的尸体一望无际……他们一律遭到机枪、步枪的扫射、遭到杀戮。这些死尸遭到射击后，在地上重叠在一起，并被浇上重油，点火焚烧。

1938年2月下旬，华中方面军参谋长冢田攻被召回日本。因为攻陷了中国南京，并策划了南京大屠杀，在日本国内受到凯旋英雄般的欢迎，受到裕仁天皇的接见，并得到赏赐。冢田攻也因此由少将被晋升为中将。

晋升陆军大将
殒命大别山区

1940年11月，冢田攻升任日军参谋本部次长。

1941年11月，被派往西贡，任日军南洋派遣军参谋长，成为太平洋战争元凶之一。

1942年6月，日美两军在太平洋上激战正酣，中途岛海战后，日军在太平洋上逐渐处于不利态势，驻南洋日军通往本土的海上、空中道路有被切断的

♥ 高射炮

日机被击中

危险。而此时在中国战场上，日军进攻重庆和西安的计划又被提起，并制订了实施作战的"第五号作战计划"。

日本军部有鉴于此种情势，并为加强南洋日军与南中国大陆的联系，决定将曾积极主张进攻重庆的冢田攻从南洋调到中国战场。

1942年7月1日，冢田攻从西贡飞汉口，接替阿南惟几中将，任驻武汉日军第十一军司令官兼华中派遣军指挥官。

日军第十一军是日军在中国战场上唯一的纯野战机动兵团，担负监视和进攻西安和重庆的任务，主力6个师团，共有23万人。

12月7日，侵华日军总司令畑俊六在南京召开侵华日军各方面军、军司令

官参加的高级军事会议，重新研讨在11月份被日军大本营裁示中止的"第五号作战计划"。企图将侵略的魔掌伸向中国的战略后方，彻底灭亡中国。一场密谋直插中国腹心地区重庆的重大战事即将打响。同时决定在12月底，部署对其威胁最大的华中地区的大别山游击区进行大扫荡。并决定调集主力师团，共约5万余人，委任第十一军司令官冢田攻中将为指挥官，兵分六路向大别山游击区同时发起进攻。

12月18日，冢田攻参加完会议之后，乘配属第十一军的专机回武汉。这是一架本年刚由上海飞机厂制造出厂的"七九式"飞机，机身上漆有"中支那派遣军第十一军军邮机G310九江号"，能乘坐14人，专航于上海—汉口航线。

当日上午10时20分，"九江号"由上海起飞，11时到达南京，12时05分，冢田攻及其军部高级参谋藤原武大佐等随员登上飞机后，"九江号"继续往西向目的地汉口飞行，进入大别山区。

冢田攻

13时许，"九江号"飞抵安徽省太湖县和湖北省英山县之间的弥驼寺上空。此时，新桂系军队第四十八军一三八师四一二团三营九连的高射炮队正在演练，发现一架身躯庞大的日机从长江方向由东向西飞近阵地，并且高度较低，立即开炮射击。

"九江号"被一炮命中，顷刻间冒出滚滚浓烟，坠毁在不远处的深山里。

巧合的是，就在这同一天，日本陆军省刚刚颁布了晋升冢田攻为陆军大将的命令，这使得他"有

幸"成为了中国军队在抗日战争期间击毙的日军最高将领。

新桂系军队在搜索日军飞机坠毁现场时，搜获日军"中支那作战计划""中支那派遣军各部队主官姓名及部队驻地表"、航空暗号、航空乘员手册、航空搭乘券3张等物。

由于冢田攻身份特殊，随身所带会议文件事关日军的作战机密。事发当天，侵华日军总司令畑俊六命令华中派遣军调集了第三、第四十、第六十八、第一一六4个师团各一部，约1.7万人的兵力，于19、20日由武汉、合肥、安庆三个方向分五路出发，搜寻冢田攻的飞机，并乘机扫荡新桂系军队盘踞的大别山区，进行报复。新桂系称此次日军的进攻为"大别山战役"或"立煌战役"。

日军在大别山内弥驼寺附近寻到了冢田攻的飞机残骸和已被炸碎的日军尸首，冢田攻的碎尸被运至安庆装殓，后运回日本安葬。

图书在版编目（CIP）数据

暴徒血证：第二次世界大战主要枭雄 / 胡元斌主编
. ——北京：台海出版社，2013.8（2021.5重印）
（第二次世界大战纵横录）
ISBN 978-7-5168-0254-0

Ⅰ.①暴… Ⅱ.①胡… Ⅲ.①第二次世界大战—历史
人物—生平事迹 Ⅳ.①K815.2

中国版本图书馆CIP数据核字(2013)第188575号

暴徒血证：第二次世界大战主要枭雄　　　第二次世界大战纵横录

主　编：胡元斌　严　锴

责任编辑：姜　航　　　　　　　　　装帧设计：大华文苑
版式设计：大华文苑　　　　　　　　责任印制：严欣欣　吴海兵

出版发行：台海出版社
地　　址：北京市东城区景山东街20号　　邮政编码：100009
电　　话：010－64041652（发行，邮购）
传　　真：010－84045799（总编室）
网　　址：www.taimeng.org.cn/thcbs/default.htm
E-mail：thcbs@126.com

经　　销：全国各地新华书店
印　　刷：北京九天鸿程印刷有限责任公司
本书如有破损、缺页、装订错误，请与本社联系调换

开　　本：710×1000　　　1/16
字　　数：210千字　　　　　　　　印　张：13
版　　次：2014年1月第1版　　　　印　次：2021年5月第4次印刷
书　　号：ISBN 978-7-5168-0254-0

定　　价：48.00元